なんで、その価格で売れちゃうの？

行動経済学でわかる「値づけの科学」

永井孝尚
Nagai Takahisa

PHP新書

はじめに――いくら頑張っても儲からないのは、価格戦略を知らないからだ

本書を書いた理由は、価格戦略の大切さが、あまりにも知られていないからだ。

ビジネスの現場で、私はこんな言葉を何回も聞いてきた。

「売れないなぁ。値下げしようか」

「儲からないなぁ。値上げするか」

こんなことをしたら、長い目で見るとほぼ間違いなく、ますます売れなくなる。

「売れないから」と値下げして、一時的に売れても、そのうち売れなくなる。

「儲からないから」というだけの理由で値上げしても、お客さんは離れていく。

しかし「価格戦略」というと何やら難しそうで、多くの人は食わず嫌いなのが現実だ。

いつも「もったいないなぁ」と思う。

というのも、価格戦略の考え方は、役立つし、何よりも面白いからだ。

そこで誰でも価格戦略の考え方を理解できるようにまとめたのがこの本だ。読み始めれば、楽しみながら一気に最後まで読み通せるように書いた。面白さと、最新のマーケティング戦略理論や行動経済学の本格的な知識を両立できるよう努めている。

さらに巻末には、本書で参考にした価格戦略や行動経済学のテキストも紹介した。より深く学びたい人は、挑戦して欲しい。


ビジネスで儲かるかどうかは、価格戦略次第だ。

どんなに苦労して一生懸命に働いていても、価格戦略を間違えると、儲からない。

価格戦略がわかれば、楽しみながら儲かるようになる。

本書を読めば、価格にお客さんがどのように反応するのか、そしてどのように価格戦略を考えればよいのかが、摑めるはずだ。

永井孝尚

（※本文中の価格は、執筆当時のものです）

なんで、その価格で売れちゃうの？　目次

第1部　値下げしても儲かるカラクリ

――よいものを安く売る仕組みをどう作るか

第4章 服は「売る」よりも、月5800円で「貸す」が儲かる

サブスクリプションモデルと現状維持バイアス

第2部 値上げしても爆売れするカラクリ
――お客さんを見極め、高く売る

第1章

水道水と同じ味なのに、100円のミネラルウォーターを買う理由

行動経済学と価格戦略

東京の水道水で日本酒を造れる!?

外出先で喉が渇くと、私はコンビニでミネラルウォーターを買う。

「うーん、美味《おい》しい!」

喉の渇きに、ミネラルウォーターはまさに一瞬の清涼感を与えてくれる。

しかしこのミネラルウォーター、水道の蛇口からタダ同然で出てくる水道水と味がまったく変わらないとしたら、どうだろう?


事実、そんな調査がある。東京都水道局の「東京水飲み比べキャンペーン」である。数万人に目隠しテストを行い、毎年結果を公表している。2017年は約3万人が参加して、結果は左の図の通りだ。


数字の上では違いがほとんどない。毎年同じ傾向だ。

500㎖のミネラルウォーターは安くて100円。水道水は0・1円くらいだろう。

ミネラルウォーターと水道水の味は、変わらない

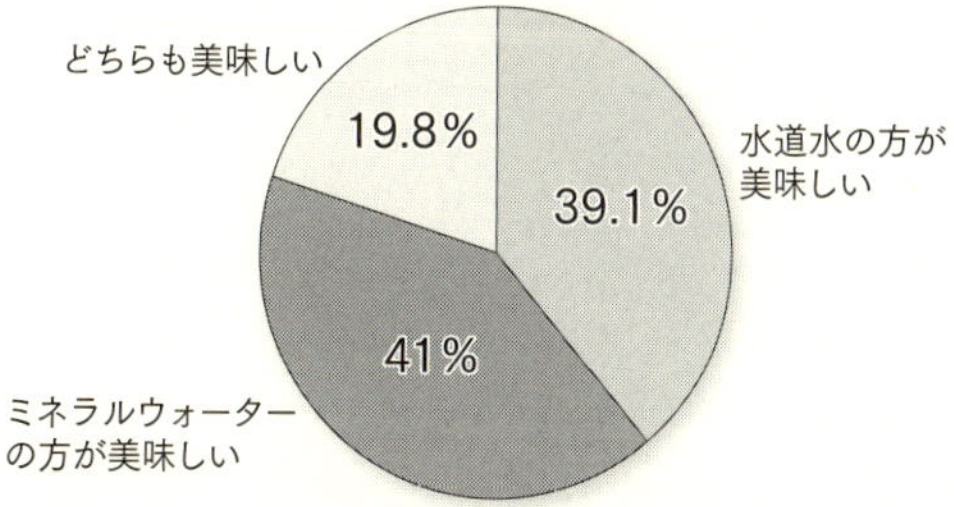

東京都水道局「東京水飲み比べキャンペーン」2017年度実施結果より（30, 613人に聞き取り）

私たちは1000倍も高いモノにお金を払おうとはまず考えないものだ。しかし水については、同じ味なのにわざわざミネラルウォーターを選ぶのである。

こう考える人も多いだろう。

「だって水道水はトリハロメタンとかもあって心配だ。カルキ臭い感じもするし」

「ミネラルウォーターの方が、ミネラル成分が入っていて健康にいいから」

これらは思い込みである。いまの水道水は安全だ。成分的にも問題はない。

現実に水道水で酒造りをしている酒蔵がある。東京港区芝の「東京港《みなと》醸造」だ。

この酒蔵は4階建てのビル内にある。ビルの4階で洗米・蒸米→2階と3階で酒の仕込み→1階で瓶詰め、という流れ作業をスムーズにできるようにしている。

そして酒の仕込みには、東京都の水道水を使っているのである。

杜氏曰く、「水道水には酒造適性がある。東京の水は優しいお酒の味に仕上がる」

東京の水道水は中硬水で、京都伏見の水を使ったのと同じようにソフトな味に仕上がるそうだ。

地元の人にも美味しいと好評だという。杜氏といえば米と水のプロ。そのプロが「水道水は美味しい」といっているのである。


さて、この衝撃の事実がわかったあなたは、ミネラルウォーターを100円で買うのをやめて、タダ同然の水道水を飲むようになるだろうか？

実はかくいう私は、この事実を知った後でも、気がつくと相変わらずミネラルウォーターを買い、「美味しいなぁ」と飲んでいる。蛇口から出る水道水はなかなか飲もうと思えない。おそらく、あなたも同じだろう。

なぜ私たちは、味はまったく変わらないのに、わざわざ手間とお金をかけて水道水よりも1000倍も高いミネラルウォーターを買うのだろうか？

人の心を数字に繋ぎ止める「アンカリング効果」

どう考えても、この現象は合理的には見えない。

自分でも「合理的ではないなぁ」とわかっていても、行動が変わらないのである。

この謎を解き明かすヒントがある。それは**「行動経済学」**だ。

ミネラルウォーター問題のように、人間は合理的に行動していないことが実に多い。

健康に悪いとわかっていながらタバコをやめられなかったり、肥満の敵だとわかっていながらつい大きなアイスクリームを食べてしまったりする。

しかしこれまでの経済学は、「人間は常に合理的に考え行動する」という前提で考えられてきたので、「合理的ではない」人間の行動を説明できなかった。たとえば歴史上、人々がバブル経済で異常に高騰した土地や株に、熱狂して大金を投じた挙げ句、大損する現象を、従来の経済学では説明できなかった。

そこで合理的でない人間の行動を解き明かそうとするのが「行動経済学」だ。行動経済学は、２００２年に行動経済学者のダニエル・カーネマンがノーベル経済学賞を受賞して、広く知られるようになった。

行動経済学を理解すれば、価格に対するお客さんの行動も理解できるようになる。

ミネラルウォーター問題は、カーネマンが実験で実証した行動経済学の**「アンカリング効果」**で考えると、解き明かすことができる。

船の「錨」を「アンカー」という。「アンカリング」とは「錨を下ろす」という意味だ。「アンカリング効果」とは、錨のように人の心がある数字に繋ぎ止められる現象だ。

カーネマンは、こんな実験をした。

学生を集めて、２グループに分けた。まず、宝くじ当選番号を決める際に使う回転式円盤を回して、出た数字を彼らにメモらせた。円盤は、一つのグループでは必ず10で、もう片方のグループでは必ず65で止まるように細工をしてある。その上で二つ質問した。

カーネマンのアンカリング効果実験

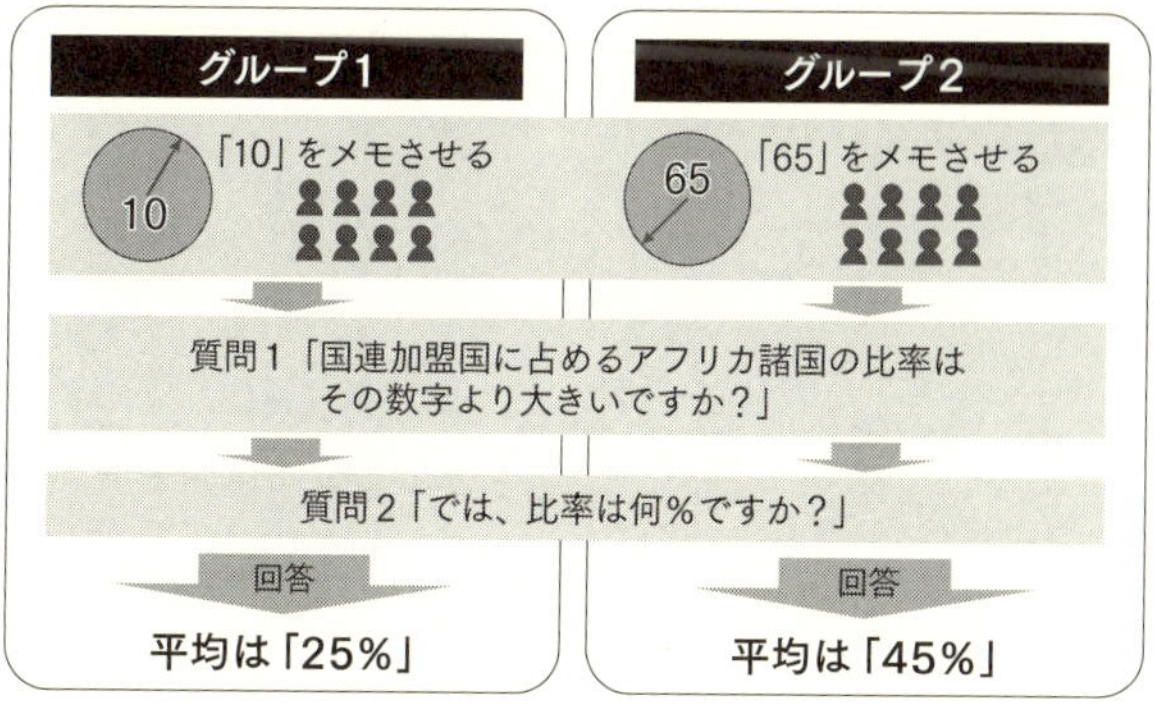

質問1：国連加盟国に占めるアフリカ諸国の比率
　　　はその数字より大きいですか？
質問2：では、比率は何％ですか？

質問2は、円盤で出た数字とはまったく無関係である。しかし質問2の回答は見事に分かれた。

「10」を見せられたグループの平均は、25％。
「65」を見せられたグループの平均は、45％。

「そんなバカな」と思うかもしれないが、事実である。

カーネマンはアンカリング効果と名付けたこの現象について、**「人は無意識に最初に見せられた数字に大きく影響される」**と説明している。

このアンカリング効果こそ、私たちがお金を出してミネラルウォーターを買う行動がやめられない理由を解き明かすヒントになる。

1980年代までは、ミネラルウォーターは普及せず、水道水を飲むのが常識だった。当時、東京の水道水は不味《まず》かった。1984年の利き水大会では、東京の水は全国12カ所で最下位。私は田舎に行くと、水がとても美味しくて感激したものだ。

さらにこの頃、採水地付近の工場排水の問題がメディアで大きく報道され、人々は「水道水には発がん性物質のトリハロメタンが含まれて危険だ」と考えるようになった。

そんななか、1990年代に「安全で美味しい水」としてミネラルウォーターが登場。普及するようになった。

そして私たちは、「ペットボトルのミネラルウォーターは、美味しくて安全」「タダ同然の水道水は、不味いし危険」と考えるようになり、1本100円のミネラルウォーターが、私たちの生活にすっかり定着したのである。

アンカリングされたミネラルウォーターと水道水

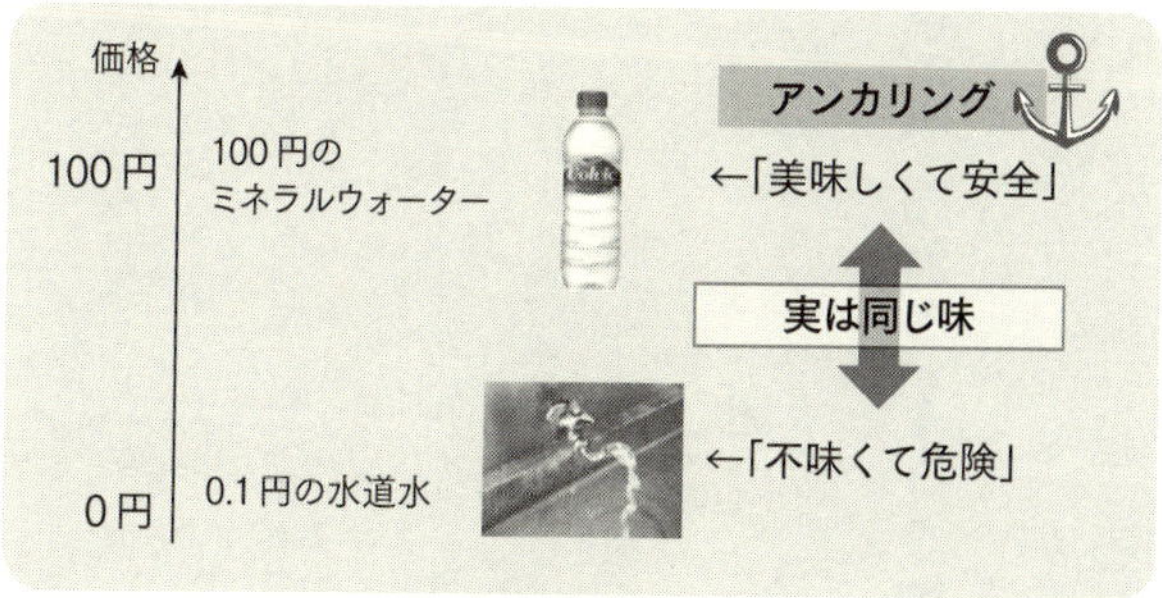

一方で、「不味くて危険」といわれた全国各地にある水道局も努力をしてきた。たとえば東京都水道局は、高度浄水設備を整備して品質向上に努めた。そして水道水は目隠しテストでもミネラルウォーターと変わらないと評価されるようになった。

しかし、いったん広がった「水道水は不味いし危険」というイメージはなかなか変わらない。若い人たちの中には、水道水を飲んだことがないという「飲まず嫌い」の人もいる。

水道局にとって大ピンチ。

水道局はさすがである。これをチャンスに変えたのだ。

なんと水道水をペットボトルに詰めて「水道水ボトルウォーター」として売り出した。

「東京水」（東京都水道局）　500㎖　103円（税込）
「はまっ子どうし　The Water」（横浜市水道局）500㎖　110円
「さいたまの水」（さいたま市水道局）　475㎖　110円

飲んだことがある人もいるだろう。実はこれらは、水道水ボトルウォーターだ。
「ペットボトルに詰めると、水は高く売れる」とわかった水道局は、それをしたたかに利用したのだ。おかげで水道局は水道水を1000倍高い価格で売れるようになった。

私たちの周りをよく見ると、このアンカリング効果が至る所にある。

1000円で売れる、100均商品

近所に100均ショップがある。大抵のものがここで揃ってしまう。
ある日、ガラス製の食品保存容器が置いてあった。スプリング付きで密閉可能。100

アンカリングされた100均ショップと高級雑貨店

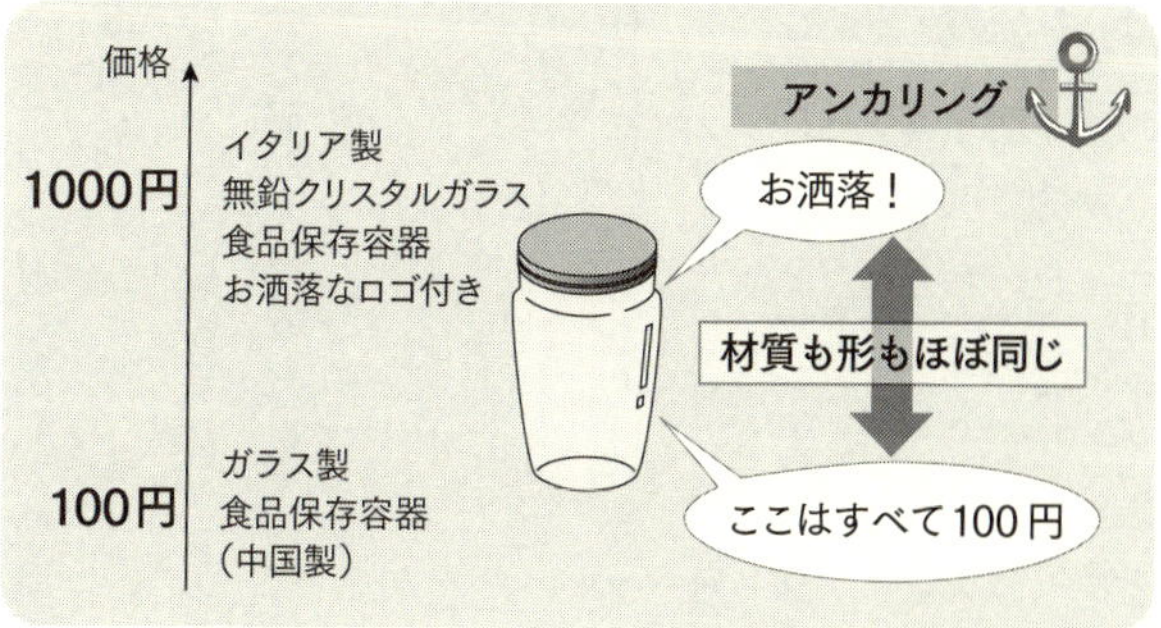

円にしては、なかなかお洒落である。

この100均のすぐ近くに高級雑貨店があった。店内に入って驚いた。ほぼ同じガラス製の食品保存容器が、1000円なのである。商品説明にはこう書いてあった。

> 蓋が外せる保存容器。100％イタリア製。「無鉛クリスタルガラス」採用。海外では、シリアルやトマトピューレ、果物の保存やヨーグルト、ミルクなども入れて、そのまま食卓で器としても使用しています。嫌なにおい移りや色移りがしにくく、煮沸消毒でき、衛生的に管理できます。

ウンチクが書かれてある。確かに100均の中国製とは違ってイタリア製。お洒落なロゴも付いている。しかし、材質も形も100均の商品とほぼ同じ。

驚いたのは、私が見ていると、その容器を「素敵！」といって買う奥さんがいたことだ。売る場所が違うだけでほぼ同じ商品。しかし10倍の価格差で喜んで買うお客さんがいる。

これも「アンカリング効果」のなせる業《わざ》だ。

100均のお客さんは、「ここはすべて100円」とアンカリングされ、価格に悩まずにサクサク買う。一方の高級雑貨店のお客さんは、「ここはお洒落な高級雑貨店だから平均1000円」とアンカリングされ、価格を受けいれて、商品を選んでいるのである。

このように、お客さんはアンカリングを基準にして、商品の品質と価格を判断する。アンカリングをうまく活かせば、高く売れるようになる。

ではこのアンカリングは、どのように作ればよいのだろうか？

ここで「まずお客さんに聞いてみよう」と考えてはいけない。
あなたが自分で考える必要があるのだ。その理由を説明しよう。

ガラクタだった黒真珠が、超高級アクセサリーに生まれ変わった理由

真珠の中でも、黒真珠は高く取引されている。
しかし当初、黒真珠はガラクタ扱いだった。

イタリアのある宝石商が、ポリネシアで珊瑚島を買った。この珊瑚島にはクロチョウガイが生息していて、殻から黒真珠がゴロゴロ出てくる。宝石商は「これは売れるかも」と考えた。

しかし当時は真珠といえば、日本産の美しい白真珠が当たり前の時代だった。
最初の頃は、「色も形もまるで鉄砲玉みたいだ」と言われ、まったく売れなかった。
彼はニューヨーク五番街にある旧友の宝石商に相談し、アドバイスをもらった。

そして友人の店のショーウィンドウで高い値札を付けて黒真珠を売り始める一方、豪華グラビア雑誌に全面広告で、黒真珠のネックレスがダイヤモンドとルビーのブローチと一緒に光り輝く写真を出した。

するとニューヨークのセレブたちが黒真珠を着けるようになり、これがきっかけで黒真珠は超高級ジュエリーとして世界中に広まった。

「黒真珠はニューヨークのセレブが身にまとう超高級品」として、世界がアンカリングされたのである。

世の中にない新商品の場合、その価格が高いのか安いのかは、お客さんは判断できない。

こんな時、お客さんにバカ正直に「いくらにしましょうか?」と聞くのは、愚の骨頂。

わざわざお金をドブに流して捨てているようなものだ。

必要なことは「アンカーを作る」ことだ。価格の基準を作るのは、私たちなのである。

「結婚指輪は給料の3カ月分」も「アンカリング」だった

「結婚のご祝儀は、友人なら3万円が相場」と一般に言われている。

同じように、こんな話を聞いたことがある人も多いはずだ。

「結婚指輪は給料の3カ月分が目安です」

しかし、じつはこれは高級宝石を扱うデビアスのマーケティングプロモーションによって作られた、結婚指輪の相場である。

結婚指輪の客観的な価格は、そもそも存在していなかった。そこでデビアスは基準を作ったのだ。結果、結婚するカップルは「結婚指輪は、給料の3カ月分」とアンカリングされるようになり、この価格が標準となった。

デビアスがこのプロモーションをしたのは1970年代から1980年代後半まで。既に30年前に終わったプロモーションだが、いまの若い人も知っている。

一度アンカリングが広く認知されると、アンカリングは社会に定着するということだ。

ちなみに郷ひろみも1987年に二谷友里恵と結婚した際、芸能レポーターから婚約指輪の価格を聞かれ、「ボクの給料の3カ月分くらいです」と答えたそうである。

アンカリングされた結婚指輪の相場

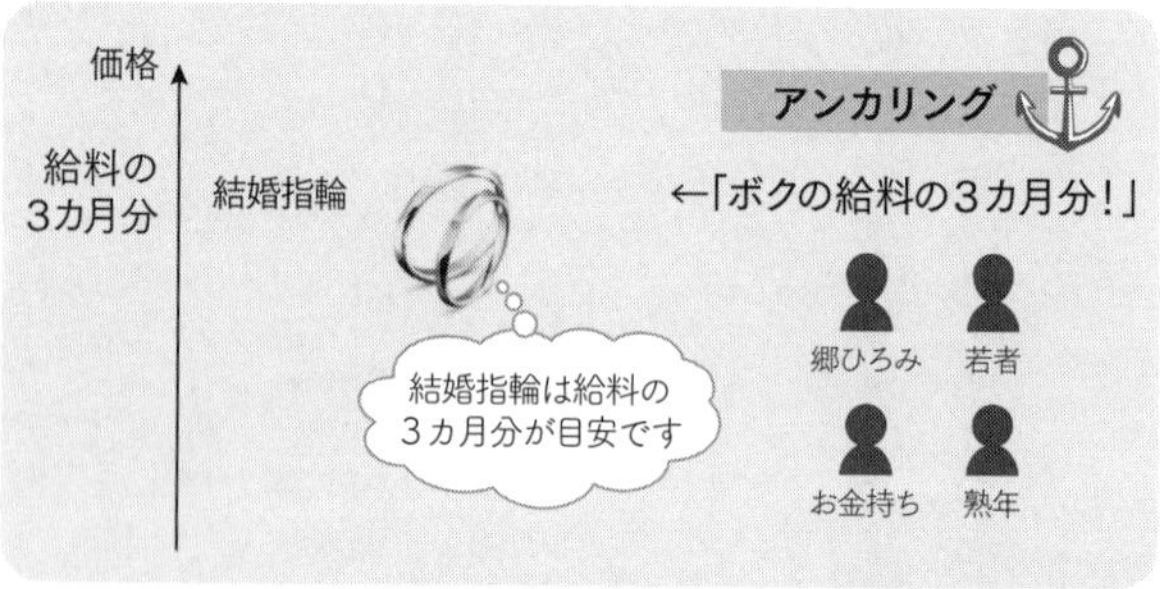

ガチョウの雛は、生まれて初めて見たものを親と思い込む習性がある。それがロボットであっても、動くロボットの後をヨチヨチと付いていく。これを「刷り込み」という。

アンカリングは、この「刷り込み」と同じなのである。

お客さんは、最初に見せられた情報と価格により、知らぬ間に心の中にその情報と価格が刷り込まれてしまう。それらは、雛が最初に見たものを親として刷り込まれるのと同じで、なかなか変わらない。

だから新商品発売の際に、最初から安い価格にするのは、必ずしも得策ではない。

最初に見せた安い価格がお客さんの心の中に刷り込まれてしまうのである。

本章で紹介した例で言うと、ミネラルウォーターは100円で、100均ショップでは100円のビンが高級雑貨店では1000円で、黒真珠は高価格で、そして婚約指輪は給料の3カ月分で……と、しっかりとアンカリングされる。

このアンカリングの仕組みを理解しないと、いい商品であってもなかなか売れなくなってしまうのである。

安売りイメージなのに値上げしてお客さんが離れたユニクロ

あの商売上手のユニクロも一時期、この罠《わな》に陥ってしまった。

もともとユニクロは、国内アパレル業界で価格破壊を起こしたリーダーだ。

しかし最近のユニクロは、海外有名デザイナーとコラボしたり、新素材ウェアを発売したりして、高付加価値路線も模索している。

そこでユニクロは、2015年に日本国内で10%値上げした。価格勝負から、価値勝負への大転換を図ったのである。しかし客数14・6%減、売上11・9%減という大失敗に終わった。翌年、ユニクロは価格を元に戻したが、客数は元に戻らなかった。

ユニクロは、日本国内では「価格破壊を起こしたリーダー」というイメージがあまりにも強いので、多くの人は「ユニクロは安いウェア」と強くアンカリングされている。だからなかなか価格を上げることができない。

価格破壊でビジネスが成功した代償は、「安売りイメージ」が定着することだ。

アパレル業界の覇者ユニクロといえども、国内市場の「安物イメージ」は克服できない。

そこでいまユニクロは、世界全体で事業展開を行う方針に切り換え、世界の様々な地域の顧客の期待に応えようとしている。既に海外では日本発の有力ブランドだ。海外市場では、「ユニクロ＝安物」というイメージはない。２０１８年、ユニクロの海外売上は国内売上を超えた。

このように安売りすると、お客さんは安い価格でのみ買うようになる。

ある大学の先生が、同じ牛乳パックの価格をスーパーA店とB店で変えて2年間販売した結果を分析してみた。

安売りすると、お客さんは「安いのが当たり前」になる

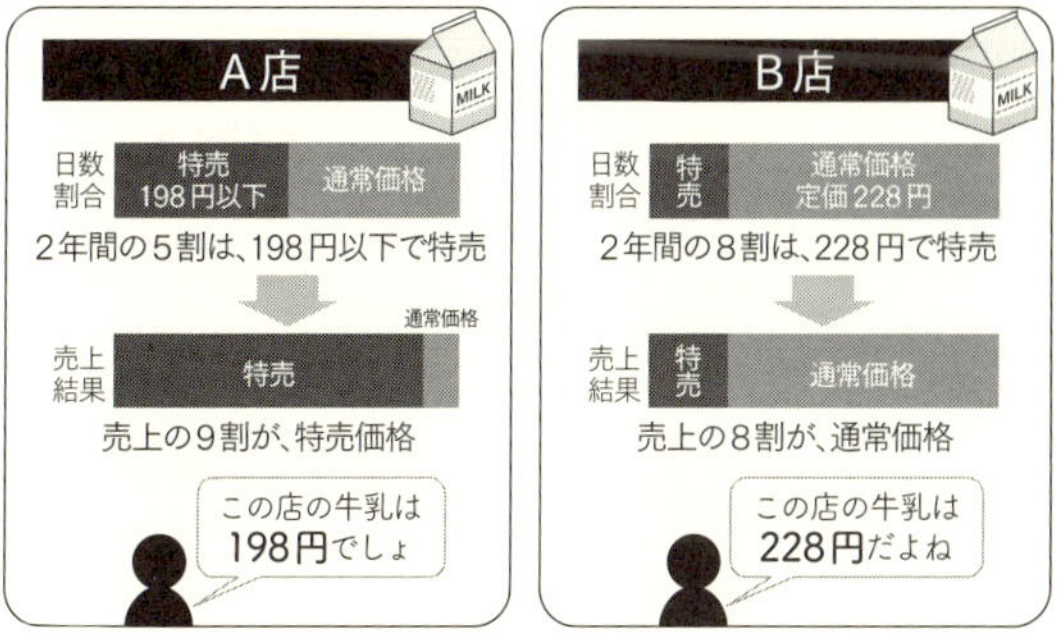

A店は2日に一度の頻度で、１９８円以下で特売した。結果、売上の9割が特売価格の１９８円以下だった。

B店は、2年間のうち8割の日を２２８円の通常価格で販売した。結果、売上の8割が通常価格だった。

お客さんは、「A店の牛乳パックは１９８円」、「B店の牛乳パックは２２８円」と認識するようになったのである。「安売り」をアピールすると、お客さんは安い価格が当たり前になり、安い価格でしか売れなくなるということだ。

ではなぜ安売りすると、安い価格でしか売れなくなるのか。

たとえば、モリさんとハラさんが同じ月給としよ

プロスペクト理論
同じ100円でも、損失の方をより強く感じてしまう

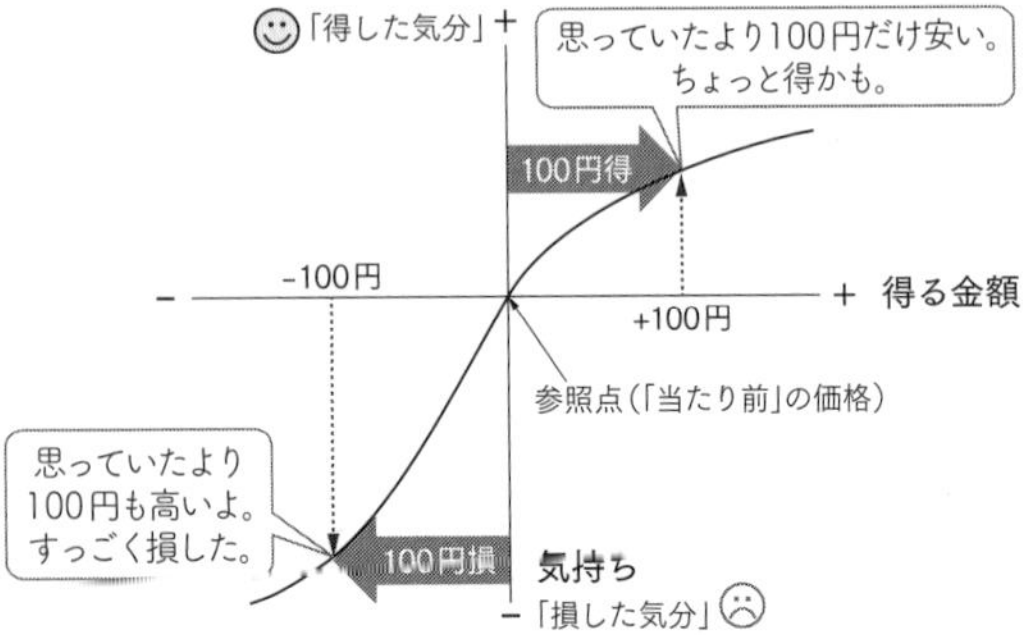

う。

モリさんは、今年も来年も、給料が変わらない。

ハラさんは、今年は月給が1万円増えて、来年は1万円下がったとする。

来年の時点で二人は同じ給料だが、損失感を感じるのはハラさんだ。

人は月給がアップすると嬉しくなり、月給が下がると悲しくなる。

これは当たり前すぎるほど当たり前なことだ。私もボーナスが上がった時は少し嬉しかった。しかし下がった時は、それ以上にものすごくショックだった。

ハラさんも同じで、1万円増える喜びよりも、1万円減る損失感の方がショックは大きいのである。

このように人は同じ金額でも、得するという「お得感」よりも、損するという「損失感」の方を、より強く感じてしまう。

これが行動経済学の**「プロスペクト理論」**だ。アンカリング効果と同じく、カーネマンが提唱したものだ。

価格の場合、右の図のように人は「当たり前」の価格よりも100円安いと「ちょっと得をした」と感じる。しかし「当たり前」の価格よりも100円高いと、「すごく損をした」と感じてしまう。そして人はこの損失を回避しようと行動する。

だから値段を安売り前に戻すと、売る側から見れば「元の価格に戻しただけ」なのに、お客さんから見ると「当たり前」と思っていた価格よりもずっと高いお金を払う感覚になってしまう。お客さんは損したくないので、買わなくなる。

このような状況を避ける方法は、とても簡単だ。価格を元に戻すくらいならば、そもそも最初から安売りをしなければよいのである。

儲かるかどうかは価格戦略次第

ここまで行動経済学の「アンカリング効果」と「プロスペクト理論」の視点を中心に、価格戦略を見てきた。

価格戦略は、ビジネス戦略そのものだ。

企業の儲けである利益は、販売量・価格・コストの3つで決まる。式にするとこうなる。

利益＝（販売量×価格）－コスト

このうち多くの企業では、販売量を増やしたり、コストを下げることに多大な努力をしているが、価格についてはちゃんと考えている人は驚くほど少ない。しかし実際には、ビジネスで儲かるかどうかは、価格戦略次第なのである。

日本の多くのビジネスパーソンは、「よいものを、安く売ろう」と考えてきた。

だから「安売り発想」から抜け出せていない。ライバルとの販売合戦になると、「少しでもライバルより値引きして勝とう」と考える。これが大間違いなのだ。

価格戦略の大切さを理解する必要がある。安く売るためには十分に考え抜いた戦略が求められるし、高い価値がある商品は価値に見合った価格で売ることが求められる。

そして価格戦略を考えるには、お客さんの心の中にまで入って理解することが必要になる。

そこで私たちに用意された強力な武器が、行動経済学だ。

「行動経済学」というと、何やらとても難しそうに思える。

しかし行動経済学は「アンカリング効果」や「プロスペクト理論」のように私たちの日々の行動をわかりやすく読み解いた考え方だ。

実はとても身近でわかりやすいものなのである。

本書ではマーケティング理論に加え最新の行動経済学も紹介しながら、価格戦略の方法を2部構成で考えていく。

第1部　値下げしても儲かるカラクリ――よいものを安く売る仕組みをどう作るか

安く売るのは決して間違いではない。ただし、誰も真似できないほど徹底的に安さを極めることだ。誰もがネットを使える現代、価格はすぐに比較されてしまう。

アピールできるのが「ウチは安いです」だけだったら、価格目当てで集まったお客さんは、すぐにもっと安いライバルに浮気する。中途半端な安さ勝負は値下げ勝負の泥沼にはまるだけだ。

ライバルが到底真似できないほど徹底的な低コストを実現したり、無料や使い放題にしたりして、強烈なお得感をアピールすることが必要だ。

また基本的に値引きはすべきではないが、なかには賢い値引きもある。価格を一工夫すればお得感をアピールすることもできる。第1部ではこれらについても紹介する。

第2部　値上げしても爆売れするカラクリ――お客さんを見極め、高く売る

高い価値を実現して、お客さんが納得するように高く売ることこそ、価格戦略の王道だ。

そのためにはターゲットのお客さんを絞り、そのお客さんが求めていることに他のどこよりも的確に応えたり、価格設定方法を工夫したり、あるいは自社のファンを作ることだ。これについては、第2部で紹介する。

では、第1部「値下げしても儲かるカラクリ——よいものを安く売る仕組みをどう作るか」について見ていこう。

儲かるかどうかは、価格戦略次第。
行動経済学で
お客さんの心の機微を理解せよ！

本章のまとめ

・価格戦略を考えるには、**行動経済学**を学べ。
・**アンカリング効果**により、人は最初に見た数字で行動が左右される。
・価格破壊に成功すると、安売りイメージが定着し、高い価格で売れなくなる。
・**プロスペクト理論**がわかれば、安売りして元の価格に戻すと売れない理由がわかる。

第1部

値下げしても儲かるカラクリ

――よいものを安く売る仕組みをどう作るか

「よいものを安く売って儲ける」ことは、実はとても難しい。

「そんなの、安売りすればいいじゃん」と思うかもしれない。

しかし「安く売って儲ける」のと「安売り」は、一見似ているが、実は正反対だ。

この違いが、あまりにも知られていない。

だから安売り競争で苦しんでしまう会社が多いのである。


「安く売って儲ける」ためには、徹底的に「やらないことを決める」戦略が必要だ。

あるいは、無料にしたり使い放題にして、ちゃんと儲ける仕組みを考え抜く必要がある。

さらに値引きする時でも、ターゲットのお客さんのことを考え抜き、そのお客さんにあわせた最適な価格を設定する必要がある。


このようなことを考えずに、場当たり的に「売れないから、値引きして売ろう」と考えると、安売り競争の泥沼にはまり込み、なかなか抜け出せなくなる。

だから価格競争で苦しむのである。


そこでまずは、価格破壊の方法から紹介していこう。

第2章

なぜミシュラン一つ星の香港点心が激安580円なのか

コストリーダーシップ戦略

ミシュラン一つ星なのに激安の仕組み

世界中のレストランを厳選して星の数でランク付けするあのミシュランガイドで、一つ星を取った香港点心が、二〇一八年の春、東京に開店した。とても美味しくて激安らしい。早速行ってみた。日比谷にある「ティム・ホー・ワン」だ。

平日午前、雨にもかかわらず開店30分前には40人の行列が出来ていた。並んでいるとメニューと注文票を渡された。並んでいる間に注文を決める仕組みである。開店時間になった。入口で注文票を渡し、数十名の客は次々と席に案内された。一品目「ベイクド チャーシューパオ」は、着席わずか5分後に届いた。

「早っ！」

チャーシューをメロンパンのような生地で包み、肉まんの大きさに仕上げた一品。生地はカリカリ、甘い醤油味のチャーシュー餡も染みていて美味《うま》い。これが3個で580円だから、1個200円弱。コンビニの高級肉まん並みの価格である。

その後も注文したメニューが5分間隔で届く。厨房で10名ほどの中華シェフたちが黙々と作り続ける点心を、ウェイトレスたちが迅速に配っている。

一通り堪能して満腹になり、お勘定をすると2000円だった。内容は4000〜5000円の高級点心クラス。安い。安すぎる。

「この美味しさで、この値段。なぜこの価格で売れるのだろう？」

店を出て、早速リサーチしてみた。

ティム・ホー・ワン創業者の一人、マック・クァイ・プイさんは15歳で点心の世界に弟子入りした。修業を重ね、中華料理店として世界で初めてミシュラン三つ星を取ったフォーシーズンズホテル香港内にある高級広東料理店「龍景軒」の点心師に抜擢された。

しかし「より安い値段で、たくさんの人に、美味しい点心を食べてもらいたい」という想いを捨てられず、独立してリャンさんとティム・ホー・ワンを開店。翌年には一つ星を獲得した。

より安い値段で提供するため、高級な食材や調味料は一切使用せず、材料はスーパーで

ティム・ホー・ワンが安くて美味しい理由

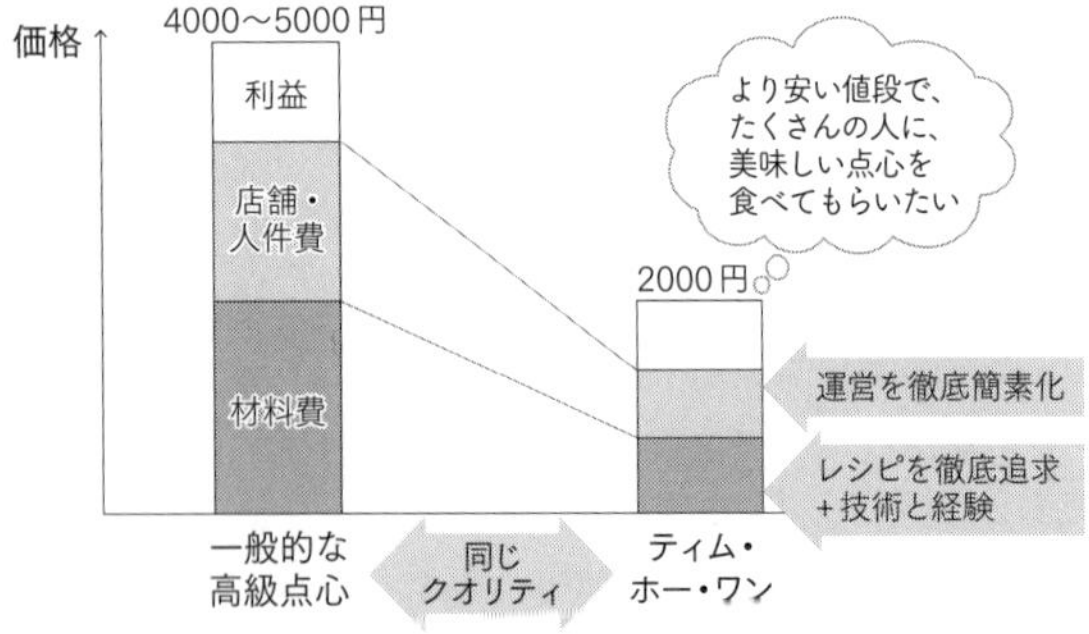

も買えるものを使用しているという。「技術と経験さえあれば、どんな素材でも美味しくできる」というのがマックさんの考え。そこで味付けには徹底的にこだわった。私が最初に食べたベイクドチャーシューパオも、醤油・オイスターソース・砂糖の配合を数え切れないほど試行錯誤した末、２カ月かけてレシピが出来上がったという。

さらに店舗の運営も徹底して効率化し、より低コストでたくさんのお客さんに対応できるようにしている。

マックさんのおかげで、お客さんは誰もが幸せそうだ。

安くて美味しい店は、他にもある。

200円ショボ弁当と550円充実弁当が、同じ材料費のナゾ

最近、弁当がどんどん安くなっている。

ある街道沿いの弁当屋で、200円という激安弁当を買ったことがある。平日ランチタイムのみ営業の弁当屋が多いが、この店は365日24時間営業。安さを求めるお客さんが次々とやってきて、弁当を買っていく。

200円弁当は、ご飯にハンバーグ1個、パスタと漬け物が少々というやや寂しい内容。食べてみると、味は「まあまあ」。200円だとこんなものなのだろう。

早速リサーチしたところ、とある新聞記事でこの店が紹介されていた。

材料費(原価)は130円らしい。店の人件費も入れると、弁当1個の利益は10円程度という。利益は少ないが、24時間365日営業で商売が成り立っている。典型的な薄利多売の商売なのだ。

別の日。仕事で天王洲アイルに行くと、また行列が出来ている弁当屋を発見した。
こちらは550円。いわゆるワンコイン弁当だ。大きくカットされた野菜が目立つ。
試しに鶏肉入り弁当を買った。
鶏肉は塩麹の味が染みてジューシー。野菜も新鮮だ。
550円はかなりお得感がある。
「1000円弁当並みの内容だ。この店も利益ギリギリなんだろうなぁ」
その夜、この店「旬八キッチン」がテレビで紹介されていた。
若い社長の話を聞いて、驚いた。
「この弁当は、粗利75%なんですよ」
計算してみると、あの550円の充実健康弁当の材料費（原価）は138円。
なんと、あの200円弁当とほぼ同じなのである。

とても不思議なことが起こっている。
200円弁当の店は、こういっては失礼かもしれないが、ショボい弁当。

旬八の550円弁当が、美味しいのに高収益の理由

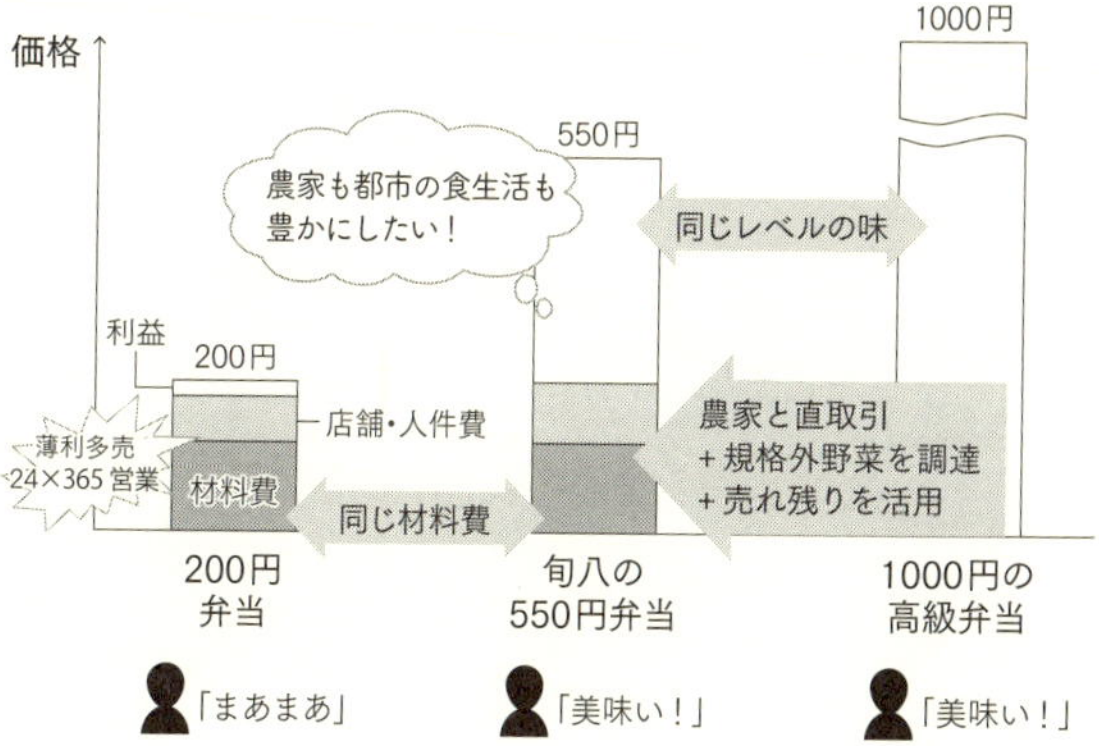

５５０円弁当の店は、充実した美味しい健康弁当。

しかし両方とも材料費（原価）は１３０円台なのだ。

２００円弁当の店は、ダンボールで届いた下ごしらえ済みの食材を、次々と油を張った鍋に入れて揚げたり炒めたりして、弁当容器に詰めていた。

食材の納品業者は、安さ最優先で決めているという。米と野菜は国産。肉類はブラジル産。魚のフライは中国産。一番安い仕入れ先を見つけて、手間をかけず徹底的にコストを切り詰め、さらに24時間３６５日営業をすることで、２００円弁当を実現している。

では550円の旬八キッチンは、なぜ同じ材料費（原価）130円台で美味しいのか？

旬八キッチンは「旬八」という青果店が始めた弁当店だ。旬八は、普通の青果店とは少し違う。

普通の青果店の野菜や果物は、傷もなく、サイズや形も揃っている。

当たり前に思えるが、現実には農家で育てられた野菜や果物は、いろいろなサイズや形があり、なかには傷のあるものもある。味は変わらないが、青果市場では売れない。だからもったいないことに、廃棄されている。こんな規格外品が農作物全体の3割もあるという。

旬八は、青果市場を通さず農家と直接取引することで、規格外品を半値で仕入れている。

それまで捨てていた野菜や果物が売れる農家は大歓迎。お客さんも安く買える。旬八の青果店も粗利50％だという。

旬八は、皆がハッピーな青果店の仕組みを作ったのだ。しかし旬八でも完売できない野菜もある。

そこで旬八キッチンは、それらを弁当の食材に使って粗利75％を実現できたのである。

やらないことを決め、価格破壊を実現するコストリーダーシップ戦略

第1章で書いた通り、単なる安売りはお客さんを失望させ、企業の体力を消耗させる。

しかし安く売ること自体は、決して悪いことではない。

「よい商品が安く手に入る」ことは、私たちの生活を豊かにする。そのためには、ティム・ホー・ワンや旬八のように、よい商品を安く売っても、ちゃんと利益を確保できる仕組みを作ることが必要だ。

この「よい商品を安く売り、利益も出す」ことが本章のテーマである。

よい商品を安く売るためには、業界のどのライバルよりも低いコストで商品を提供することだ。

競争戦略を提唱した経営学者マイケル・ポーターは、ライバルよりも徹底的に低コストにすることにより、競争で有利に立つ戦略を**「コストリーダーシップ戦略」**と名付けている。ポーターはさらに、**「戦略とは、やらないことを決めることだ」**と述べている。

ティム・ホー・ワンも旬八も、やらないことを明確にすることで、コストリーダーシップ戦略による価格破壊を実現している。

ティム・ホー・ワンは、創業者であるマックさんの「より安い値段で、たくさんの人に、美味しい点心を食べてもらいたい」という想いが原点だ。そこでコストが高い高級食材を使わず、スーパーで買える食材でも美味しい点心を提供できるように、経験と技術を活かしてレシピに工夫をこらすことにより、580円で極上の点心を提供している。

旬八は、創業者である株式会社アグリゲート・左今克憲社長の体験が原点だ。

左今社長は学生時代、ファストフードなどの不本意な食生活を繰り返していた。一方で

コストリーダーシップを実現するために、常識を疑い、「やらないこと」を明確にする

	やりたいこと	やらないこと	やったこと
ティム・ホー・ワン	「より安い値段で、たくさんの人に美味しい点心を食べて欲しい」	高級食材は使わない	・経験と技術でレシピを工夫 ・スーパーで買える食材を活用
旬八	「農家も都市の食生活も豊かにしたい」	青果市場からの調達	・農家と直取引 ・規格外野菜を調達 ・売れ残りを活用

地方に行くと食生活は豊かでも、高齢化や低収入で先行きに不安を感じる農家が多かった。

そこで「農業と消費者を繋げて、農家も都市の食生活も豊かにできないか？」と考えた。

そして青果店では常識だった青果市場からの調達を見直し、農家から規格外の野菜や果物を直接調達することで、激安でもすべての関係者が儲かるビジネスを創り上げたのだ。

いずれも、まずは「やりたいこと＝顧客にどんな価値を提供したいのか」を考え抜いた。

それまで当たり前だった常識に疑問を持ち、「やらないこと」を決めた。

そして新しい仕組みを作り出し、価格破壊を実現し

たのである。

同じような価格破壊は、私たちの身の回りにも数多くある。

たとえば散髪の「ＱＢハウス」もそうだ。

通常の散髪では順番待ちがあるし、整髪料をつけたり、洗髪やマッサージなどもあり、1時間以上かかる。「時間も洗髪も整髪料もムダだし、高いなぁ」と感じることも多い。

そこで先日、近所のＱＢハウスでカットしてみた。店の待ち人数はスマホでわかる。店の入口にも3色のランプがあり、待ち時間がわかる。

空いていた時間に入店すると、まずチケットを自販機で購入。椅子に座って順番を待つ。場所取り不可。あの手この手で、店員の作業を省いているのだ。

すぐに順番が来た。スマホ自撮り写真を見せて、「これでお願いします」というと、カットが始まった。10分でカット終了。いい仕上がりだ。

普通の散髪ではこの後に髪を洗い流すが、ＱＢハウスでは天井から下がっている「エアウォッシャー」という独自の強力掃除機で頭に残った髪を吸引する。髪を乾かす必要もない。おかげで店側も水回りの設備工事が不要なので、どの場所でも低コストで店舗を出せる。合計20分弱で終了。いつもの散髪と比べて数分の一の料金で、しかも短時間だ。

ＱＢハウスも「髪をカットする」という散髪本来の目的に特化し、洗髪、マッサージ、整髪料といったサービスはカット。その結果、低料金に加えて、「短時間」という新しい価値も生み出しているのである。

ＱＢハウスの創業者は、「どこの散髪も決まったメニューで長時間拘束されるのはおかしい」と考えた。そこでカット以外のサービスをすべてやめ、髪をカットすることに特化した仕組みを作ることで、10分カットと１０８０円（※）を実現しているのである（※２０１９年2月から１２００円に値上げを予定）。

ティム・ホー・ワン、旬八キッチン、ＱＢハウスは、常識に疑問を持ち、やらないことを明確にして、圧倒的なコストリーダーシップを実現した。

コストリーダーシップを実現する方法は、これ以外にもある。

「お、ねだん以上。」ニトリの秘密――規模の経済と製造小売業モデル

東京銀座の一等地にある百貨店に、家具のニトリが入っている。

先日行ってみたら、平日の午前にもかかわらずお客さんがいて、熱心に家具を見ていた。ゆったりとした空間に、統一したイメージの家具が揃っている。

20年ほど前に住んでいた近所にも、ニトリがあった。

当時のニトリは、言い方は悪いが「安いけど、品質はそれなり」というイメージ。銀座のニトリにある家具を見てイメージが覆《くつがえ》った。どれも上質。しかも安いのである。

ニトリは北海道で創業し、北海道で店舗を増やし、満を持して本州に進出した。

昔、私が住んでいた近所にあったニトリが出来た頃の店舗数は、30~40店舗。その後も店舗を増やし、いまや全世界で545店舗(2018年8月時点)。なんと15倍だ。なぜニトリは、ひたすら店舗を増やし続けてきたのか?

ニトリ創業者の似鳥昭雄会長の原点は、27歳の時に米国視察旅行に行ったことだった。米国はとても豊かで、商品も安いことに驚いた。「日本はまだ貧しい。商品は高いし、品質、カラー、素材もバラバラだ。もっと安くして、家具もコーディネートできるようにして、日本人の生活を豊かにしよう」と考えたのだ。

この想いを実現するために、ニトリは「お、ねだん以上。」をキャッチフレーズに、家具業界で価格破壊を続けている。

安く売るためには、コストを下げることだ。

そこでニトリは、二つのことを徹底的に追求することにした。**「規模の経済」**と**「経験曲線」**だ。

規模の経済とは「たくさん作れば作るほどコストが下がる」という考え方だ。

なぜコストが下がるかというと、まず商品1個あたりの固定費が下がるからだ。

たくさん作れば、コストは下がる

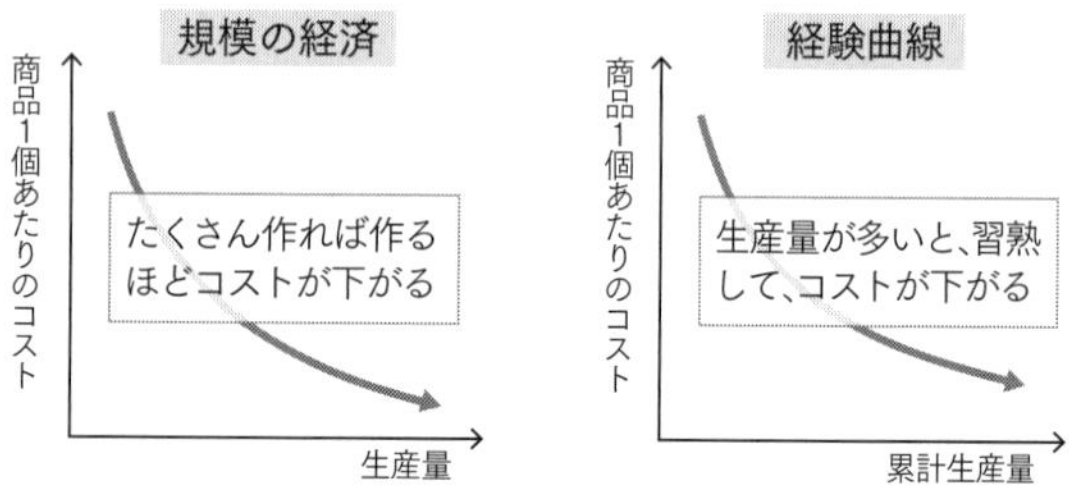

ニトリが工場を月100万円で借りて、家具を作るとしよう。この工場家賃の月100万円が固定費だ。

この工場で家具を月100個作れば、家具1個あたりの工場家賃（固定費）は1万円だ。しかし月1万個作れば、100円に下がる。このように家具をたくさん作れば作るほど、商品1個あたりの固定費が安くなり、コストが下がるのである。

さらに家具をたくさん作れば、仕入れ業者から原材料をたくさん買える。こうなると仕入れ業者はニトリを大切にするので、ニトリは原材料の値下げ交渉ができるようになる。

このようにたくさん作ることで様々なコストが下げられるのが、規模の経済だ。

もう一つの**経験曲線**とは、仕事の経験量が多いと習熟してコストが下がるということだ。

あなたも未経験の仕事をする時、たくさんの量をこなせばこなすほど、仕事のやり方がわかるようになり、要領よく仕事ができるという経験をしたことがあるはずだ。このように、その仕事の経験量が多いほど、効率がよくなり、コストが下がるのである。

ちなみにあの200円弁当の店は、徹底的に仕入れコストを下げる努力をしているが、1店舗だけでは限界がある。店舗数が増えれば、規模の経済と経験曲線が効いてきて、もっと低コストで弁当を出せるようになるはずだ。

ニトリはまずは100店舗を目指し、さらに200店舗を達成。店舗数を増やせば顧客数も増えるので、規模の経済がより効果を発揮できるようになった。

店舗のスタイルも時代とともに変えた。銀座以外にも、新宿、上野、池袋などの百貨店にも出店している。

原価2000円の服が、
百貨店で１万円。SPAモデルだと4000円

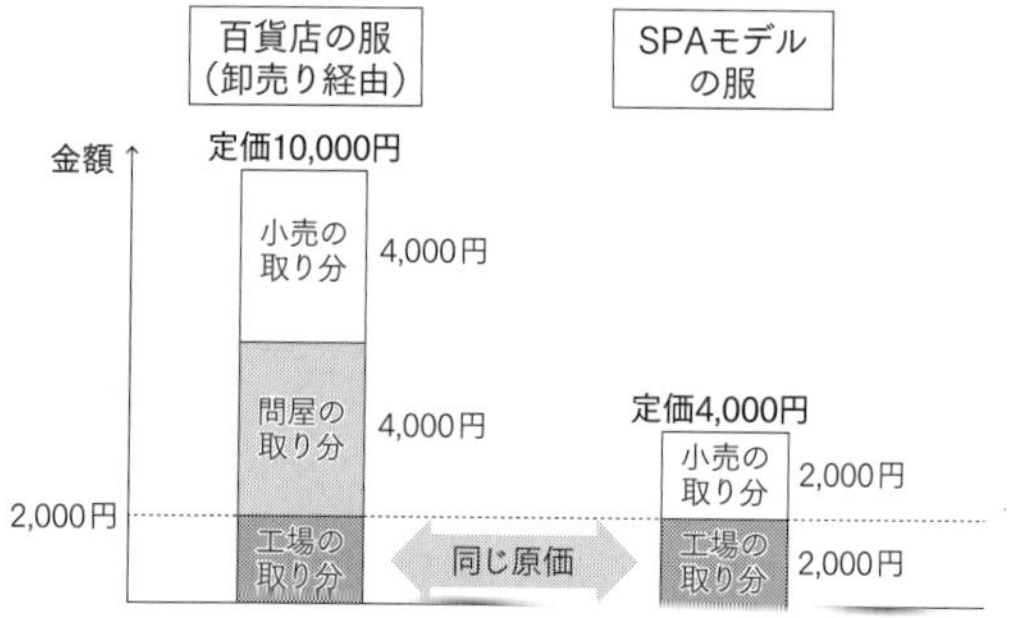

「アパレル・サプライチェーン研究会報告書」（経済産業省 製造産業局、2016年6月）
を参考に著者作成

ここで少し話が変わるが、百貨店などで売っている服の原価をご存じだろうか？　実は定価の２割である。定価１万円の服は原価２０００円だ。百貨店の服は、かなり高い定価が設定されている。

百貨店は問屋を仲介して仕入れており、さらに売れ残りを値引き販売したり廃棄することを前提に、定価を決めている。定価で買う人に、余分なコストを負担させているともいえる。問屋を前提にした数十年前の販売方法をいまでも変えていないのである。

一方でユニクロやＧＡＰの原価率は定価の５割。原価２０００円の服を定価４０００円で販売している。

問屋や小売を仲介せず、生産から販売まですべてを社内で行い、さらにすべての商品を自社店舗で売り切る努力をしているからだ。
こうすれば商品のやり取りがスムーズになり、ムダがなくなる。さらにたくさん売ることで規模の経済が効くようになり、より低コストに商品を提供できるようになるので、価格を下げられるようになる。このように原材料調達からお客さんに販売する店舗まで、すべて自社で持つ形態を**「SPAモデル」（製造小売業モデル）**という。
自社で作り、自社店舗で販売することで、消費者にムダなくストレートに届けられるようになり、コストも下がり、よいものを安く提供できるようになるのである。

ニトリも、自社で原料や材料を調達し、商品を開発・生産している。「家具を安く提供して日本人をもっと豊かにしよう」という想いを実現するために、SPAモデルで家具生産から販売まで行っているのだ。

本章冒頭で紹介した旬八も、同じく農家から直接調達して自社店舗で販売することで、農業版ＳＰＡモデルを目指している。

価格破壊をさらに徹底的にやるのが**ＥＤＬＰ戦略**（エブリデイ・ロー・プライス戦略）だ。特売セールは一切行わない。その代わりに、常に最低価格を保証する。

スーパーの西友は「今後数カ月間、値上げは一切行わず低価格で固定する」という「プライスロック」を行っている。これがＥＤＬＰ戦略だ。

お客さんは「これ安いのかな？」と迷うこともなく、安心して買うことができる。

そして「あの店は最安値だ」という評判で、お客さんが来るようになる。

ニトリも価格を原価ギリギリまで下げており、特売をほとんどしていない。

ＥＤＬＰ戦略は「お客さんがいつでも安心して買える」ことを目指しているのである。

「売れないから、値下げ」が、ダメダメな理由

「そうか。やはり安ければ売れるのか。ウチも値下げしてバンバン売ろう」

こう考える人もいるかもしれないが、ちょっと待って欲しい。

安く売って儲けるには、大前提がある。コストを徹底的に下げることだ。当たり前すぎるほど当たり前のことなのだが、コスト削減をサボったまま、安易に「売れないから、値下げしよう」というケースが、世の中にはとても多いのが現実である。

価格破壊で成功した会社を形だけ真似して価格勝負をすると、必ず負ける。コストリーダーシップを実現する仕組みを作らずに価格破壊者と戦うのは、武器を持たずに丸腰で戦争の最前線に出るようなもので、無謀でしかない。価格破壊者は、価格破壊しても儲かる仕組みをちゃんと作っているのである。

大塚家具は２０１５年４月に富裕層向け高価格帯路線を大転換し、ファミリー層に中価格帯商品を提供する戦略に変えた。そして特売セールを連発した。

特売期間中は客が増え、売上は急増した。

しかし、特売で集まった客は定着しなかった。

65ページの図の通り、ほとんどの月で前年割れが続いている。図のグレー部分は前年よりも売上が減った月だ。前年を上回ったのは、特売セール実施の月のみ。その特売効果も徐々に下がっている。

そして大きな値引きセールの後には、必ずその反動がある。図でも、3回のセールの12カ月後、売上が大きく下がっている。「値引きセールでお客さんを集める」という当初の目的は達成できず、むしろ値引きセールでお客さんが次々と離れてしまった。

中価格帯に進出したものの、新たにライバルとなったニトリには、赤字覚悟の値引きセールでは勝てなかったのである。

大塚家具は総店舗数19。ニトリは545（ともに2018年8月時点）。ニトリは大塚家具の28倍もの規模である。規模の経済では、ニトリが圧倒的に勝っている。

さらに大塚家具は、ティム・ホー・ワンやQBハウスのように、他社よりも低コストで提供できる仕組みを持っていない。

「ファミリー層に中価格帯商品を、お値打ち価格で提供する」というコストリーダーシップ戦略ではニトリの方が圧倒的に優れており、数十年の蓄積もある。仕入れも多くSPAモデルを実現していない大塚家具は、低コストを実現するモノづくり力も弱い。だから中

大塚家具は、特売で一時的に売上が増えたが、顧客は離れた

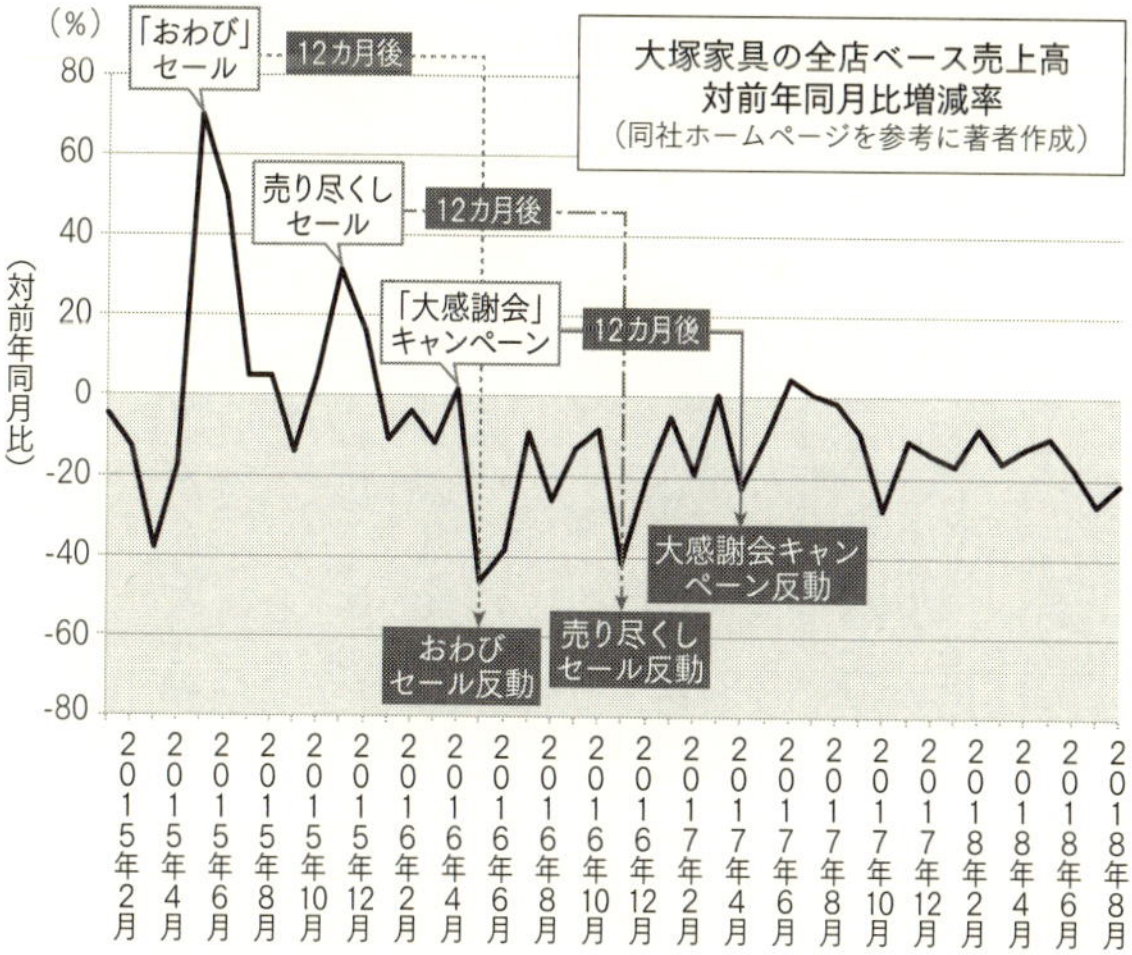

価格帯を選ぶファミリー層は、安い割に品質もよいニトリを選ぶ。大塚家具がそんなニトリと真っ正面から値引き勝負しても、勝てないのである。

コスト削減をせずに値下げ勝負を仕掛けると、現場では何が起こるか？

従業員には、「とにかく頑張れ」「サービス残業で乗り切れ」と発破をかける。

取引先には、「仕入れ代金を下げてくれ」と無理をお願いするようになる。

赤字覚悟で、特売セールする。そして安さ目当てのお客さんだけが集まってくる。

しまいには商品の品質を下げたり、量を減らすことになる。

コスト削減なき値下げは、誰も幸せにならない。従業員、取引先、会社の業績、そして最後はお客さんに、必ずしわ寄せが来るのである。


コスト削減なき値下げは、まさに「麻薬」だ。

特売すると、その時だけは売れる。しかし特売をやめると途端に売れなくなる。そこでやむなく特売を続けても、特売効果は徐々に効き目を失ってしまう。そして麻薬を打ち続けた身体《からだ》が蝕まれるように、企業、社員、取引先の体力が奪われていく。このようなことをやっていると、企業は衰弱し、ブラック企業化していく一方だ。


ティム・ホー・ワンも、旬八キッチンも、QBハウスも、ニトリも、「よりよいものを、安くお客さんに提供したい」と知恵を絞って、コストを徹底的に下げる努力をして、価格破壊をしても、儲かるようにしている。このような値下げは、誰もが幸せになる。

「安物を、安く売ろう」ではない。

「いいものを、安く売ろう」なのである。

安く売るには、常に低コストにする努力が必要だ。

何も考えずに「売れないから、値下げしろ」と言い放つマネージャーに、強くいいたい。

「旬八キッチン弁当を食べ、ティム・ホー・ワンで飲茶を楽しみ、QBハウスで髪を切り、ニトリで家具を買って、彼らがどうやって安くしているかをじっくり考えてから、御社はどうやってコストを下げるのか、考えてみましょう」

価格破壊は、二度と戻れない茨の道

実は、価格破壊に成功しても安心できない。

第1章で書いたように、価格破壊に成功すると、お客さんは「あの会社は安い」というイメージを持つようになる。そして価格を上げると、お客さんは離れてしまう。

価格破壊は、二度と戻れない茨《いばら》の道なのである。

「高い価格には戻せない」と覚悟した上で、値下げすべきなのだ。

ニトリも「同じ商品は、絶対に値上げはしない」という方針だ。

理由は「値上げすると、お客様が他社に移ってしまうから」。


価格破壊の怖さは、もう一つある。安さには、必ず賞味期限があることだ。


2013年にセブン‐イレブンが始めた「セブンカフェ」もそうだった。

セブンカフェは、100円でどこでも飲める本格派レギュラーコーヒーを実現した。

コーヒーの世界で価格破壊を起こしたのである。

しかしわずか1～2年で、ローソンもファミマも対抗し、いまや日常的にレギュラーコーヒーを飲めるようになった。

100円のセブンカフェは、セブン‐イレブンだけの強みではなくなってしまったのである。
価格破壊には、必ず賞味期限があるので、いつかはライバルに追いつかれるのだ。

安くても低価格には頼らない――アマゾンが低価格ライバルを恐れない理由

私はネットで商品を買う時は、常にアマゾンを使う。
低価格が理由ではない。10年以上前のある経験がきっかけだ。

アマゾンでパソコンの部品を買ったのだが、パソコンとの相性が悪くて動かなかった。アマゾンに連絡すると、電話の応対は極めて丁寧な上に、快く返品を受け付けてくれた。この体験で「アマゾンで買うと安心だ」と考えるようになり、その後、ほとんどのネットでの買い物はアマゾンを使うようになった。

アマゾンは価格破壊者のイメージが強い。しかし実際には、アマゾンが最重視するのは価格ではなく顧客満足だ。アマゾンの創業者ジェフ・ベゾスはこのようにいっている。

「わが社よりも5%安く売るところが出てきても、何の心配もいらない。私が気にしているのは、わが社よりも優れた経験を提供する企業が現れることである」

この考え方は、アマゾンの様々なサービスで首尾一貫している。アマゾンにとって低価格は、あくまで顧客満足の中の一つ。だからアマゾンは強いのだ。

価格勝負だけでは、いつか必ず、より安い価格で売るライバルが出てくる。小売業では百貨店が強かったが、ディスカウントストアが価格破壊を起こした。その後、アマゾンが出てきて価格破壊を仕掛けて、急速にシェアを伸ばしている。たとえ価格破壊で有利に立っても、技術は進化するので、より安いライバルが必ず現れる。だから「価格」だけで安心してはいけない。価値も追求し続けるべきなのだ。

家具業界で価格破壊を実現したニトリも、価格だけでは限界だとわかっている。ニトリ社内には、「ニトリの憲法」というものがある。

2012年までは、「1に安さ、2に安さ、3に安さ、4に適正な品質、5にコーディネーション」。これが変わった。

2013年には、「1に安さ、2に適正な品質、3にコーディネーション」になった。

急激な円安のために、海外からの仕入れ価格が高くなり、低価格だけを売りにするのが厳しくなったからだ。そこでニトリは「ニトリクオリティライン」という中価格帯商品も出すようになった。従来ニトリが販売していた低価格帯商品よりも高品質かつ高め、ただしライバルよりも安い納得価格で、「お、ねだん以上。」で売っているのである。

徹底的に低コストを追求することで、よいものを安く提供することは、世の中にとって大きな価値がある。しかし安さ勝負だけでは、いつかは限界が来る。

常に価値を高めることも、あわせて考えていくべきなのである。価値を高める方法は第2部で紹介する。

常識を疑い、当たり前をやめ、
「やらないこと」を徹底し、
価格破壊せよ。
これをサボって安売りすると、
ブラック企業化する。

本章のまとめ

- **コストリーダーシップ戦略**を極めろ。
- 何をやらないかを決めろ。
- 価格破壊をするには、**規模の経済と経験曲線**を徹底追求しろ。
- **SPAモデル**で、ムダをなくせ。
- **EDLP戦略**は、常に最低価格。特売セールはしない。
- コスト削減をサボった値下げは、「麻薬」である。
- 安くしても、低価格には頼るな。

第3章

参加費0円。婚活パーティのナゾ

無料のビジネスモデル

参加費0円の婚活パーティ

知人のミカさんは目下、婚活中。

きっかけは、アラフォーの先輩に説教されたことだという。

「アンタ可愛くないんだからさ。まだ20代でしょ。いますぐ若さを売りにしなさい。私なんて、25歳の時はモテモテだったのに、この1年間、お誘いすらないわっ」

親身で素晴らしい先輩である（なお、あくまで先輩の言葉だ。著者の私の言葉ではない）。

そんなわけでミカさんは婚活パーティ中心に、婚活を展開中である。

ミカさんは、シンプルな哲学を持っている。

「外見で勝負できないなら、回数勝負」

婚活パーティも、シンプルに回数勝負。週末はかけ持ちもザラである。

（回数勝負はいいけど、お金は大丈夫？）と心配になるが「まったく問題ない」という。

「だって、女性無料の婚活パーティだけしか行かないし」

女性を無料にし、男性の参加費を高めにして開催する婚活パーティが多いという。（それだと食事目当ての女子が多いんじゃないか？）と思ってしまうが、ミカさん曰く「わかっていないないですね〜。狙いはそれなんだから」。

他の女子は全員ライバル。食事目当ての女の子と比べたら、自分はそもそも「志が違う」そうだ。志の意味がちょっと違う気もするが、ミカさんの健闘を祈るばかりである。


巷では、婚活パーティが大流行だ。

ひと昔前は、内緒で結婚相談所を利用していたのを思うと、すっかり様変わりだ。

女性が無料だったり、有料でも男性よりもかなり安く参加できたりするものが多い。

無料なら、ミカさんのように使えるお金が少ない若い女性も気軽に参加できる。

こうして女性参加者を増やし、男性参加者がお金を払う価値があるような魅力的な出会いの場を作っているのである。

ちなみに、医師限定の結婚相談所は、逆に男性医師の入会費を無料にしているところが多く、かわりに女性の入会費が高額だという。

ここで疑問。ミカさんのような人たちなら、無料婚活パーティが魅力なのはわかる。
しかしお金がある医師を、なぜわざわざ無料にするのだろうか？
答えは、「無料」には不思議な魔法の力があるからだ。

無料になると、途端にユーザーが爆発的に増える仕組み

行動経済学者のダン・アリエリーは、こんな実験をしている。
高級チョコ（トリュフ）と普通のチョコ（ハーシー）を用意し、二つの実験をした。
【実験1】高級チョコを1個15円（相場より激安）、普通のチョコを1個1円で、学生に売ってみた。結果、学生は超お買い得な高級チョコを選んだ。高級チョコを買ったのは73%、普通のチョコを買ったのは27%だった。
【実験2】次にそれぞれ1円値下げし、高級チョコを14円、普通のチョコを0円にした。するとー転して、無料になった普通のチョコが圧倒的に人気になった。高級チョコを買っ

ダン・アリエリーのチョコ実験

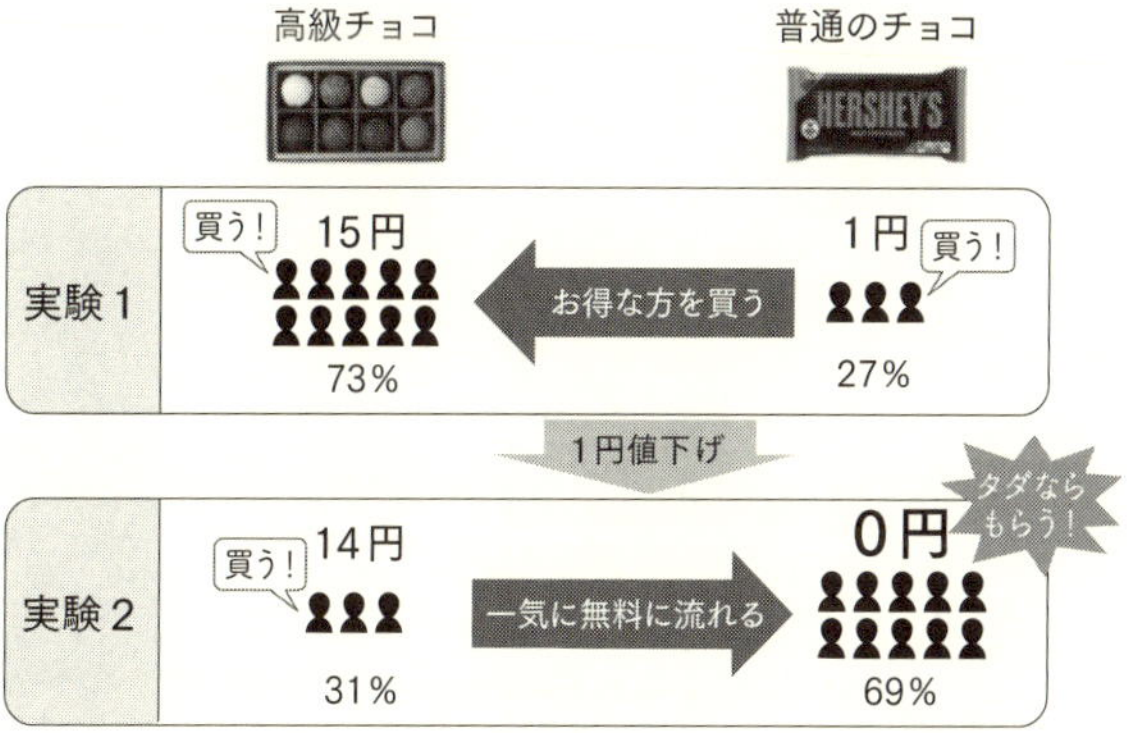

たのは31%、普通のチョコは69%だった（なお、米国での実験なので実際にはお金の単位は「セント」だが、わかりやすくするため「円」に変えている）。

人は買い物の時は、たとえ1円でも「お金に見合った価値なのか？」と考えてしまう。これを行動経済学で**「出費の痛み」**という。しかし無料になった途端、この「出費の痛み」は消える。その結果、人は悩まずに商品を手にし、使い始めるようになる。

お金がある男性医師も同じだ。入会費が無料になることで「出費の痛み」が消え、「じゃあ、入会してもいいかな」と考えるようになるのだ。

女性無料の婚活パーティも、男性医師の入会費が無料の婚活パーティも、パーティの価値を高めてくれる人たちを無料にして「出費の痛み」を感じさせないようにすることで、気軽に参加できるようにし、出会いの場の魅力を高めている。

そしてその場に魅力を感じて「お金を払ってでも参加したい」という人たちを集めているのである。

私たちの周りを見回すと、無料ビジネスは至る所にある。

テレビやラジオも無料。グーグル検索やフェイスブックも無料。

ひと頃流行った0円携帯電話もそうだ。

クックパッドや食べログも無料。

「広告費で稼いでいるんだろうなぁ」とか「携帯電話は通信費で回収しているんだろうなぁ」と予想はつくが、わざわざ無料にするのは、人間の深層心理に根ざしているのだ。

人は本能的に「何かを失う」ことを恐れている。そして有料の商品はお金を失う。

無料の魅力の本質は、「失いたくない」という恐れの裏返しだ。

たとえお金がある人でも、無料であること自体、強力な魔力を持つのである。

この無料ビジネスの仕組みは、時に社会を変える力を持っている。

手数料0円だから中国ではホームレスでも電子マネー

後輩が脱サラしてレストランを開店した。こぢんまりした店で、値段の割に美味しい。

電子マネーで払おうとしたら、後輩は申し訳なさそうにいった。

「現金だけなんですよね」

クレジットカードは決済手数料が数%。電子マネーも専用機械が必要だ。美味しい料理を安く出したいので、経費節減で現金だけにしているという。

この店のように、100均ショップ、一部のタクシーや喫茶店などいまだに現金だけの店は多い。電子マネーは便利なのに普及していないのは、店にとってハードルが高いからでもある。

中国は、はるか先を行っている。既に現金はほとんど使われていない。なんとホームレスにも電子マネーが普及している。

中国のホームレスは道ばたに座って、目の前に空き缶ではなくQRコードを印刷した紙を置いている（QRコードとは、ポスターの端や食品パッケージでよく見かける四角いバーコードのようなものだ）。

ホームレスにお金を恵む人はQRコードをスマホで読み込み、ネット経由で送金する。これはお金を受け取る側の電子マネーの手数料をゼロにしたおかげだ。さらに「QRコードを印刷した紙とスマホがあればOK」というお手軽さも、ハードルを大きく下げて普及に貢献している。

中国と比べたら、手間も店側の手数料もかかる日本の電子マネーの現状は、後輩の店のように「本音は電子マネーを普及させたくないのでは？」と勘ぐりたくなるほど店側のハードルが高い。

ちなみに中国の電子マネーは、ネット企業アリババの「アリペイ」やテンセントの「ウィチャットペイ」という仕組みで提供されている。

ではアリペイやウィチャットペイは、どうやって儲けているのか？

数億人が使えば、いろいろな方法がある。クレジット払い対応で利息を取る。アプリに広告を出す。さらに支払いデータを活用していろいろな業者にサービスを提供する。

アリババは、電子マネーの決済履歴を活用して、融資の際に、借り手の信用度を貸し手に提供する「芝麻信用」というサービスも始めている。個人情報を勝手に使われるので日本だと大きな社会問題になりそうだが、中国では信用スコアが高い人は有利な条件で融資を受けられるので、むしろ利用者は積極的に情報を提供しているという。

アリババもテンセントも、支払い手数料を無料にして一気に広げ、ものすごくたくさんの人を集めて、そこで儲ける仕組みを作ったのである。これも無料ビジネスが社会を変えた一例だ。

２０１８年になって、急に日本でも電子マネー普及を狙うサービスが増えてきた。中国と同じくＱＲコードとスマホの組み合わせで手数料０円をアピールするサービスもある。今後を注目したいところだ。

ガラ空きのスキー場が「19歳無料」で大復活

日本でも無料ビジネスの事例は多い。

たとえばいま、長年低迷を続けてきたスキー場が、復活しつつある。

これは「雪マジ！19」という無料ビジネスのおかげだ。

1日数千円のスキー場のリフト券は、若者には痛い出費だ。

そこで19歳のみリフト券を無料にした。

2016年は、19歳の6・5人に1人が利用したという。若者の間では人気なのだ。

なぜ19歳だけなのか？

スキーは大学時代に始めないと一生の趣味にならない。しかし若者はスキー場の魅力を知らない。そもそもスキー場の魅力とは、冴《さ》えない男子が颯爽《さつそう》と滑走するギャップが妙にカッコよかったり、ニット帽にスキーウェアの女の子が3割増で可愛く見えたりするという、「ゲレンデマジック」である。

まずは、スキー場で実際にスキーの楽しさを体験してもらうことが必要だ。

そこで「雪マジ！19」を始めたのだ。いつも同い年同士で一緒にいる若者の間では、口コミが強力に働く。そして若者の中でも、スキー愛好者は5％程度いる。「雪マジ！19」のおかげで彼らが気軽に仲間を誘えるようになり、口コミでスキーが広がったのである。

身近に応用できる無料ビジネス――お試しサービス、追加プレゼント

「無料ビジネスって、アマゾンとかグーグルとかフェイスブックとか、ものすごく先進的な大企業が、大がかりに大金をかけて取り組むもの」と私たちは思いがちだ。

しかし無料ビジネスの根っこにある考え方は、「無料にして、出費の痛みをなくすことで、大勢の人たちに使ってもらう」ということだ。

このポイントさえ押さえれば、あなたのいまの仕事でも意外とカンタンに応用可能だ。

たとえば、あなたが自分の店で、独自の食材を仕入れて売っていたとしよう。

その食材を使えば美味しい料理を作れる。でも、なかなか売れない。こんな時、その食

材を活かしたレシピブックを作り、無料配付する方法もある。

これで成長したのが、世界中のレストランを星の数で評価する「ミシュランガイド」だ。

もともとミシュランガイドは、無料だったのをご存じだろうか。

タイヤメーカーのミシュランは、1900年のパリ万博で、最初のミシュランガイド3万5000部を無料配付した。当時普及し始めた自動車のドライバー向けガイドブックとして、ガソリンスタンドや自動車の整備場などの情報をまとめて掲載した。

「自動車を使う人が増えれば、タイヤが売れる」と考えたためだ。

そして1926年から料理を提供するホテルを星の数で格付けするようになった。

ミシュランガイドは、もともとミシュランが自社商品であるタイヤの価値を高めるために、無料配付されていたものだったのである。

あなたが売る食材の価値を高める無料レシピガイドも、将来はミシュランガイドのようになるかもしれない。

他にも方法がある。

「無料で初回お試しサービス」も、無料ビジネスの一つだ。

デジタル版の新聞の多くは、初回限定で1カ月無料体験期間がある。気に入らなければ、無料期間中でもお金を払わずに解約すればいい。無料期間を過ぎると有料になるが、気に入って購読を望むのであれば、そのまま使い続ければいい。初回体験期間は出費の痛みがない分、お客さんがサービスを利用し始めるハードルは大きく下がるのである。

「○個買えば、追加1個は無料プレゼント」というのも、無料をアピールして「出費の痛み」を消す方法だ。

たとえば「定価100円の商品を4個買えば、追加1個は無料」というキャンペーンは、「5個買うと、合計500円のところを2割引きして400円」と同じで、実際には割引きである。

しかし値引き販売にはまったく反応しないお客さんが、「5個目が無料」といわれた途端、「出費の痛み消滅スイッチ」が「カチッ」と入り、「このチャンスを逃して損したくない」と脊髄反射して、買ってしまうのである。

この方法のよい点はもう一つある。お客さんが「2割引き」と認識しないことだ。おかげで、お客さんのその商品価格に対するアンカリングは、定価のままで変わらない。

立場を変えて、あなたがお客さんになって、「○個買えば、追加1個無料」といわれた時は、「本当に○個も必要だろうか?」と立ち止まって考えることも必要だ。

無料ビジネスには4タイプしかない

では、無料ビジネスはどんな仕組みで考えればよいのか?

世界的ベストセラー『フリー〈無料〉からお金を生みだす新戦略』を書いたクリス・アンダーソンは、無料ビジネスを4タイプに分類している。一つずつ見ていこう。

①無料版で広げ、他の有料版で稼ぐ

お客さんが欲しいと思う商品を無償で提供し、他の有料商品でお金を回収する仕組みだ。

無料ビジネスには4タイプある

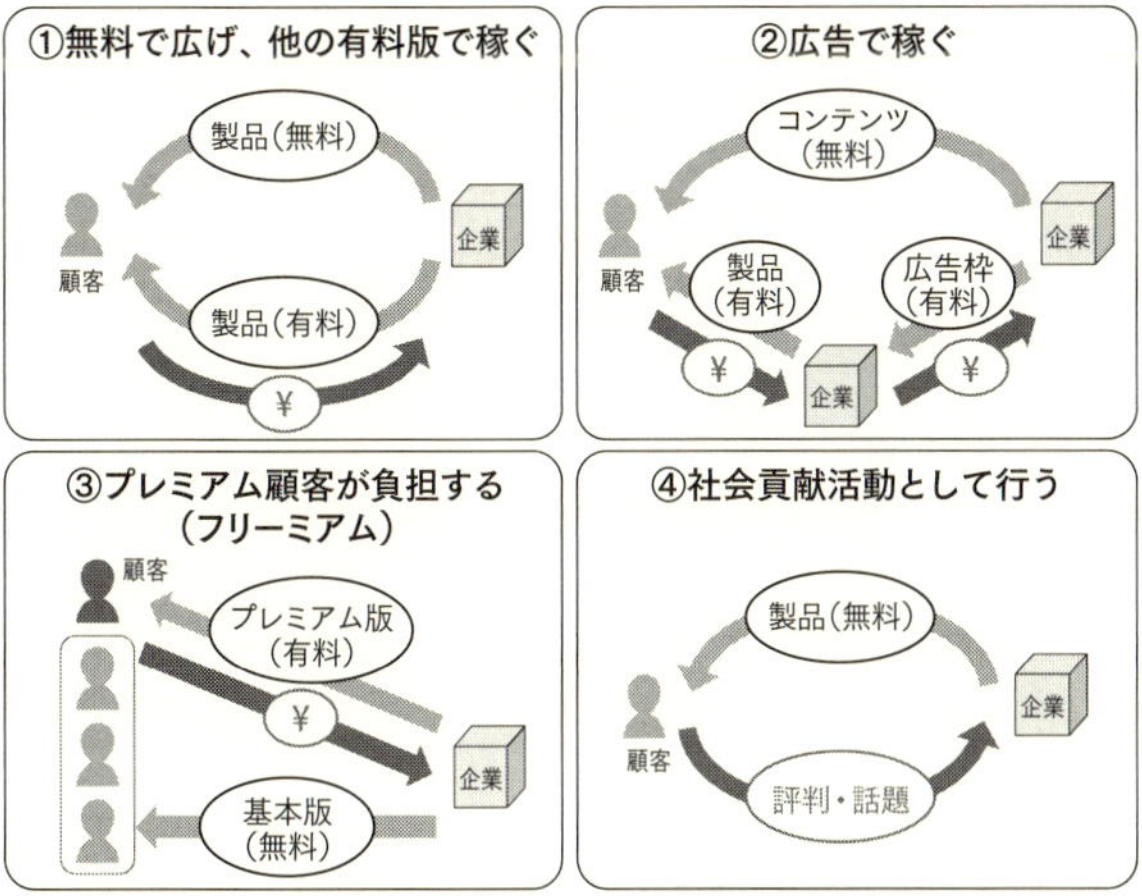

『フリー〈無料〉からお金を生みだす新戦略』(クリス・アンダーソン著)を参考に著者が作成

0円携帯電話は、携帯電話本体を無料で提供し、通信料金で回収している。

婚活パーティも、無料参加者のコストを、有料参加者が負担している。

初期のミシュランガイドは自動車用のガイドブックを無料で配り、タイヤの販売などで回収している。

②広告で稼ぐ

広告で稼ぐモデルのおかげで、私たちはテレビやラジオを無料で視聴できる。私たちが買う商品の価格にCM代が含まれているからだ。

ネットが普及していなかった頃、どこのコンビニの雑誌コーナーにも、リクルートが発行する『週刊住宅情報』という分厚い雑誌があった。多くの住宅物件が網羅されていて、住まいを探す時の必読書だった。

読者はこの雑誌を定価で買っていたが、実はリクルートは、コンビニから代金を回収していなかった。売上はすべてコンビニのものになったので、コンビニ各社はどこも『住宅情報』の取り扱いを即決。リクルートは販路を急拡大できた。数多く売れるので『住宅情報』の価値は高まった。そして住宅物件の掲載主から売上を上げていた。

『住宅情報』は販路であるコンビニに対する「広告モデル」の無料ビジネスだったのである（現在、『住宅情報』はSUUMOマガジンというフリーペーパーになっている）。

③プレミアム顧客が負担する（フリーミアム）

フリーミアムとは「フリー」（無料）と「プレミアム」（割増金）の造語だ。無料版を広げ、有料版でお金を回収するのである。

たとえば我が家では料理レシピサイト「クックパッド」のおかげで、美味しい料理を作っている。月額280円でプレミアム会員になれば、レシピの人気順検索が使えるようになり、もっと簡単に美味しいレシピを見つけられるようになる。

また私は「食べログ」で店を探すことが多い。月額300円でプレミアム会員になれば、ランキング検索ができ、お得なクーポンももらえる。幹事さんには便利な機能だ。

いずれも無料ユーザーを増やし、一部（数％）の有料会員から売上を上げている。

一見、デパ地下の試食品に似ている。試食品も無料だ。

しかしフリーミアムと試食品で大きく違う点が、コストである。

商品を1個、あるいはユーザーを1人増やすのに必要なコストを、**「限界費用」**という。

試食品の限界費用は数十円だ。

しかしクックパッドや食べログのようなネットサービスは、ユーザーを1人増やしてもコストはほとんど変わらないので、限界費用はほぼゼロ。無料ユーザーを増やしても、そのコストは数％の有料ユーザーの売上で支えられる。

このようにネットサービスでこそフリーミアムは大きな価値を発揮できる。スマホでネットが使えるおかげで、いまやフリーミアムは私たちの生活の一部になっているのである。

④社会貢献活動として行う

社会貢献活動でも、無料ビジネスの仕組みは使える。

私たちは何かわからない言葉があると、すぐにスマホを使ってネット検索する。ほとんどの言葉は、ウィキペディアに詳しい説明がある。このウィキペディアの情報は、金銭的な対価を求めないボランティアの人たちが入力・更新している。

ちなみにウィキペディアを使っていると、時々寄付を勧める画面が出てくる。この寄付金でウィキペディアは運営されているのである。

ヤフー知恵袋も、回答者は無報酬で質問者の悩みに答えている。

「人の役に立ちたい」という想いがあれば、ネットを使い、最小限のコストで、人の役に立つことが可能なのである。

無料ビジネスの勘所と注意点

「なるほど！　無料にすればいいのか。いますぐウチも無料にしよう！」

そう思う人もいるかもしれないが、ちょっと待って欲しい。

無料にすれば必ず儲かるほど、世の中は甘くはないのである。

むしろ無料ビジネスは、とても怖い面もある。

無料ビジネスの勘所を、キッチリと理解する必要がある。

■利益が上がるのか？

ビジネスを継続させるためには、利益が必要だ。「無料ビジネス」というとなんだかカッコよさそうだが、あくまで「ビジネス」であり、「慈善事業」ではない。

無料ビジネスを継続するには、ちゃんと利益を上げる仕組みが必要だ。

無料で「出費の痛み」をなくして新規顧客を獲得し、売上をどこから得て、いかに利益を生み出すのか。これを考える必要がある。利益が上がらない無料ビジネスは持続できない。結果、ユーザーにも迷惑をかけてしまう。

■無料だからこそ、高品質に

「無料だから、品質は低くてもいい」と考えるのは、大間違いである。

もしデパ地下の試食品が不味かったら、あなたはその商品を買わないだろう。試食品が美味しいから、商品を買いたくなるのである。

無料ビジネスも同じ。多くの人たちが使うからこそ、無料でも高品質にする必要がある。

低品質の無料版を大量に配ることは、わざわざ手間をかけて悪い評判を広げているようなものだ。

■無料の範囲をどう決めるかが、とても大切

無料で提供する場合は、慎重に考えて、無料で提供する範囲を絞ったり、無料で提供する期間を決めたり、商品に機能制限を設けることが必要だ。

「雪マジ！19」は19歳のみリフト券を無料にした。全員でないのが重要なポイントだ。スキー場復活の方法を考え抜き、「大学生がスキーを体験することが大切」という結論に至ったので、19歳にターゲットを絞り、無料にしたのである。

リフト券の売上はスキー場にとって大きな収益源。もし全世代を無料にすると、大赤字だ。そして何よりも、19歳の人たちへの「これは私たちへのメッセージだ」という特別感が消えてしまう。来てもらいたいターゲットを明確にして、その人たちを無料にしたからこそ、成功したのである。

ちなみに「雪マジ！20」というのもあり、20歳はリフト券が最大半額になる。19歳の時に無料でスキーの楽しさを知った人に、翌年も来てもらい、定着してもらうためだ。

婚活パーティで女性を無料にするのも、医者限定の結婚相談所で男性医師の入会費を無料にするのも、無料のターゲットを明確に決めた結果だ。

クックパッドも、無料で全レシピを見ることができるが、人気レシピを探すのは有料だ。

食べログも、無料で店を見ることができるが、幹事用の人気店検索やクーポンは有料だ。

無料の範囲を戦略的に決めることが必要なのである。

■無料ビジネスは、劇薬である

私の妻は、以前、ある料理研究家の料理教室に通っていた。この先生は多くの料理本を出版していたが、急に本を出さなくなった。先生はこういったという。

「もう料理本は売れないのよ。クックパッドで十分だから」

ほんの10年前までは、料理レシピは本を買って学ぶものだったが、いまや無料が常識になってしまった。

既存業者にとっては、無料ビジネスは劇薬である。市場を破壊する力を持つ。

無料にすると、お客さんは「無料が当たり前」になる。

もし有料を無料にして、その後に有料に戻すと、いったん「無料が当たり前」になってしまったお客さんは、出費の痛みを以前よりもさらに強く感じてしまい、まったく買わなくなる。

たとえば、私たちがふだんから使っているグーグル検索は無料だ。私たちにとって「ネット検索は無料」はもはや常識である。

もし有料のネット検索が登場したら、いくら高機能であっても、私たちはほとんど使わないだろう。グーグルで十分だからだ。しかもグーグルを超えるネット検索をいまから実現するのはとても難しい。

だからいまの商売を無料化するには、ジックリと考えた上で決めるべきだ。

中小企業などで、売れ筋商品をいきなり無料化してしまうのはやめるべきだ。

「やっぱりうまくいかないから、有料に戻そう」としても、一度無料にしてしまうと、以前のようにお客さんはお金を払ってくれなくなる。こうなると体力がない中小企業にとってはとても厳しい。

先に述べたように、無料にする範囲は慎重に考えるべきだ。

たとえば本の場合、いきなり全文を無償公開すると、本が売れなくなってしまう。しかしなかには、全文を無償公開して、ベストセラーになった本がある。

NHK出版は、本章で引用しているクリス・アンダーソン著『フリー〈無料〉からお金を生みだす新戦略』日本語版を出版する際、特設サイトを用意し、出版前に期間を決めて1万人限定で全文を公開した。これは大きな話題になり、ベストセラーになった。

これも「話題を作り、紙の本をベストセラーにする」という明確な目的のために、「出版前の一定期間」「1万人限定」という条件を決めて、無償化を行った成功例だ。

逆に考えると、失うものが何もない新規参入者にとっては、無料ビジネスは実に強力な武器になり得るということだ。ただし収益化の目処が立っていることが必要なのは、既に述べた通りだ。

このように無料ビジネスは、よい点も多いが、課題も多い。

そこでそもそも無料版をやめてしまって、ユーザーから薄く課金して集めようということで生まれたのが、「定額サービス」である。これは次章で紹介したい。

無料にすることで
「出費の痛み」が消え、
ユーザーが急増する。
高品質なものを無料で提供し、
そこで儲ける仕組みを考えよう。

本章のまとめ

- **「無料は出費の痛みをなくす」**というポイントを押さえれば、あなたの仕事にも無料ビジネスを応用できる。
- その際に、**無料ビジネスの4タイプ**を考えよう。
- 無料だからこそ、高品質にしよう。
- **無料の範囲**を決めよう。
- 無料ビジネスは劇薬。始める時は、慎重に。

第4章

服は「売る」よりも、月5800円で「貸す」が儲かる

サブスクリプションモデルと現状維持バイアス

彼女が、次々と車を乗り換えられる理由

フェイスブックを見ていたら、黒いプリウスのボンネットに満足げに手を置く女性編集者の写真がアップされていた。（ちなみに本書の編集者ではない）。

「今日からお友達の黒子ちゃんで～す」

確か3カ月前、彼女はミニバンに乗っていたはずだ。半年前はオープンカー。飽きっぽい面もある彼女だが、必ずしも高収入ではない。なぜ車を次々と乗り換えられるのだろう。流行りの副業でも始めて、懐《ふところ》具合が急によくなったのだろうか？

数日後の打合せで彼女に会った。さりげなく車の話を振ってみた。

「そういえば、車を買い替えたんですよね」

「ああ、あれ？　買い替えたんじゃなくって、借り換えたんですよ」

車を乗り換えできる定額サービスに入っているという。

私も10年前まで車を持っていた。しかし保険、税金、車検などでお金がかかるし、手続きも面倒。そもそも私は車にはほとんど乗らない。車は手放してしまった。

しかし彼女の定額サービスには、自賠責保険、税金、車検が含まれるらしい。

最近、車を自由に乗り換えられるサービスが増えている。

中には月々1万円台からの乗り換えサービスもある。

一方で、30万円払うとポルシェのケイマンという高級車に3カ月乗れるサービスもあるという。

「税金とか車検とか面倒だし、車も飽きちゃうし。お洋服を着替えるみたいに、車も換えたいじゃないですか。次はベンツのコンパクトにします。中古だけど」

「所有する」が当たり前だった車は、なんと定額借り放題になっていたのである。

洋服だって定額借り放題

「お洋服を着替えるみたいに……」という彼女だが、服には無頓着である。

打合せの時、ピョン吉Tシャツを着てきた時はさすがに（ちょっとイタい……）と思ったが、とても口には出せなかった。

女友達には「もう少しオシャレにしたら？」と言われることもあるそうだ。

そんな彼女が、急にオシャレになった。

インスタグラムには、オシャレな服を着た彼女の自撮り写真が次々とアップされていた。

（女性が急にオシャレになるってことは……？）つい勘ぐってしまう。

ある日、彼女と編集の打合せを終え、雑談になった。さりげなく訊いてみた。

「最近、オシャレですよね」

言ってしまってから（セクハラ発言かも）と気づいたが、本人は気にしていない様子だ。

「服を選ぶの、面倒なんですよ」

（?……）意味がよくわからなかったが、言い始めた以上、話を続ける。

「いい雰囲気ですよね」

「選んでいるの、私じゃないんで」

（?……）

よくよく話を聞くと、ある「服借り放題」の定額サービスらしい。

またもや定額サービスである。一度にスタイリストが選んだ服が3着送られてくるという。クリーニングせず返却可能。お気に入りは返却せず購入もできる。

「ウチ狭いし。どの服買うか悩まずに済むし。自分で選ぶと、イタい服ばかり選ぶし」

彼女なりに悩んでいたようだ。

車だけでなく服も、いつの間にか定額借り放題になっていたのである。

いつの間にか急拡大しているサブスクリプションモデル

その夜テレビを見ていたら、また驚いた。なんとラーメン定額食べ放題もあるという。

「野郎ラーメン」は、定額で1日1杯ラーメンが食べられるサービス「1日一杯野郎ラーメン生活」を始めた（対象は十八〜三十八歳までの「野郎世代」）。料金は「ヤロウ」にかけて8600円。780円の看板商品「豚骨野郎」なら、1カ月で12杯食べれば元が取れる。肉の量も多くコッテリしているので、私は「毎日食べるのは無理。週3回が限度」と思うのだが、反響は大きく、1カ月間毎日来たという猛者《もさ》7名には、店から感謝状を贈ったという。

「定額サービスが世の中に広まっているのか！」

これはちゃんと調べなければ、と思ってリサーチしてみた。あるわ、あるわ。

月額5800円で、コーヒー飲み放題のカフェ
月額1500円で、全店利用し放題になるカラオケチェーン
月額6800円で、ブランドバッグ借り放題のサービス
月額2000円で、自転車借り放題

考えてみたら、ネットフリックスも、月額８００円で映画やドラマが見放題。

スポティファイは、月額９８０円で好きな音楽を聴き放題。

ドコモのｄマガジンは、月額４００円で雑誌２００誌以上が読み放題。

知らぬ間に定額サービスは、私たちの周りに広がっている。


このように会員制で固定料金を取るビジネスを、**「サブスクリプションモデル」**という。

「サブスクリプション」というとなんか凄そうな名前だが、雑誌などの定期購読のことを、英語で「サブスクリプション subscription」という。なんのことはない。昔から私たちが馴染んでいる定期購読の考え方なのである。


なぜいまこのサブスクリプションモデルが広がっているのか？


サブスクリプションモデルで怖いのは、「なりすまし」である。

契約していないのになりすましてサービスを受ける人が増えると、商売は成り立たない。

2017年12月、中国四川省成都にある激辛料理店が、「月2000円払って会員になれば、1カ月食べ放題」というキャンペーンを行った。大反響で毎日500人以上が来店した。しかし、会員証を他人に又貸しする客が続出。なかには飲食した上に、持参した巨大な容器に料理を入れて持ち帰る人も出現。店は大赤字で、1カ月ももたずに閉店したという。

「なりすまし」ほど怖いものはないのである。

サブスクリプションモデルが広がった理由の一つは、スマホアプリの普及のおかげで、本人認証作業を確実かつ簡単にできるようになり、サービス開始コストが下がったことだ。

仕組みはわかったが、ここで次の疑問が出てくる。

そもそも「～し放題」で、本当に儲かるのだろうか？

なぜ読み放題dマガジンで出版社が儲かるのか?

2015年、アパレルメーカーのストライプインターナショナルは、「メチャカリ」という月額5800円の服借り放題のサービスを始めた。自社の新品を一度に3点まで借りられるし、60日間借りっぱなしだと、借りた服はそのまままもらえる。

当初、周囲は誰もが「自社の服が売れなくなるぞ」と反対したという。

しかし実際にやってみたら、自社の店舗やネット販売との共食いはなかった。登録者の2/3は、それまで接点がなかった新規顧客だったのである。

初めは「大好きな服を使いまくる人たち」を想定していたが、実際には「服選びが面倒くさい人たち」にウケた。まさに冒頭の女性編集者である。

意外だったのはメチャカリで服を次々と借り、気に入ったら服を買い取る人が結構いたこと。半年で15万円使う人もいたという。「定額試着サービス」として使っているのだ。

メチャカリでは新品を貸し出しているが、ユーザーから返却された服はクリーニングした上で、中古として再販売している。新品の服を販売し、服のレンタルで定額サービスを行い、さらに中古の服を販売している。この仕組みは、新車、レンタカー、中古車という販売チャネルを複数持つ自動車会社を参考にしたという。

月額400円で雑誌読み放題のdマガジンは、登録ユーザーは363万人で、年間売上は174億円だ（※2017年3月時点）。雑誌を買わずに立ち読みで済ませるライトユーザーを狙ったため、紙版の雑誌とdマガジン読者の重なりは小さい。雑誌から見ると読者数を1・6倍に増やす効果があり、むしろ雑誌広告効果が上がったという。

さらに売上は、読まれたページ数に応じ各出版社に分配される。

いまやdマガジンは、雑誌出版社にとってなくてはならない媒体となっている。dマガジンは定額サービスを始めることで、「本の立ち読み客」を新たな収入源にしたのである。

昔からある生命保険や損害保険、電力会社、通信会社などもサブスクリプションモデルだが、これらの業界も、どこも高収益だ。

「～し放題」は安定して儲かることはわかった。ではなぜ儲かるのだろうか？

行動経済学で読みとくサブスクリプションの仕組み

私は服を選ぶのが苦手である。同じ服ばかり着ている。考えずに済むし、楽だからだ。しかし服が古くなると買い替えざるを得ない。悲しいかな、私は自分の服選びのセンスにまったく自信がなく、服を選べない。そこで必ず妻と一緒に服を買うことにしている。妻が「これ似合うよ」という服を、いわれるがまま買う。

自分だけかと思ったら、同じような男性は意外と多いようだ。

人間にとって「選択」は、ストレスのかかる行為なのだ。何かを選ぶ時は、他の選択肢を捨てなければならない。だから人間は無意識のうちに、「できれば現状を維持したい」と考えてしまう。これを行動経済学で**「現状維持バイアス」**という。

私は、服選びが苦手という点では、実はあの女性編集者とまったく同じなのだ。

だから彼女は服借り放題サービスに入り、コーディネーションをプロにお任せすることで、「どの服を買うか？」という選択の悩みから解放されたのである。

さらにお客さんがサブスクリプションモデルを使い始めると、この現状維持バイアスが働いてなかなか解約しなくなる。

たとえば数年前に登場した格安携帯は、通信費を大きく節約できるにもかかわらず、なかなか普及しない。いまだ多くの人がドコモ、ＫＤＤＩ、ソフトバンクを使い続けている。これも現状維持バイアスである。キャリア変更も料金計算も面倒だ。安くなるとわかっていても変えられないのである。

また、人は本能的に何かを使うたびにお金を取られるのをとても嫌がる。

定額で使い放題であれば、「お金を払う」というプロセスが消える。

逆にいくら使っても支払い額は増えないので、「使わないと損だ」と考えるようになる。

この「損をしたくない」心理は、第１章で紹介した**「プロスペクト理論」**である。

人は損失に敏感だ。だからサブスクリプションモデルに入ると、「損してはいけない」

と考えて、ますます使うようになる。そして飲食店の場合はその店に通い続けて、他メニューも頼むようになる。

さらにサブスクリプションモデルでは、それまで高くて買わなかったお客さんも使うようになる。高価な商品でも毎回の支払い額が少額になるからだ。

たとえばダイソンの掃除機や扇風機は数万円から10万円もするので、欲しくても高くて買えない人は少なくない。そこでダイソンは、「ダイソン テクノロジー プラス サービス」を毎月台数限定で試行している。ダイソン製品（6種類）を月1000円から使うことができ、しかも最短2年ごとに最新機種にアップデートできる。これも「ダイソンは欲しいけど、高くて買えない」という人たちに、サブスクリプションモデルでアプローチするための方法なのである。

顧客ロイヤルティを高め、信者を作る

ところで一口に「お客さん」といっても、多種多様だ。このお客さんを分類する上で役

顧客ロイヤルティ・顧客生涯価値と
サブスクリプションモデルの効果

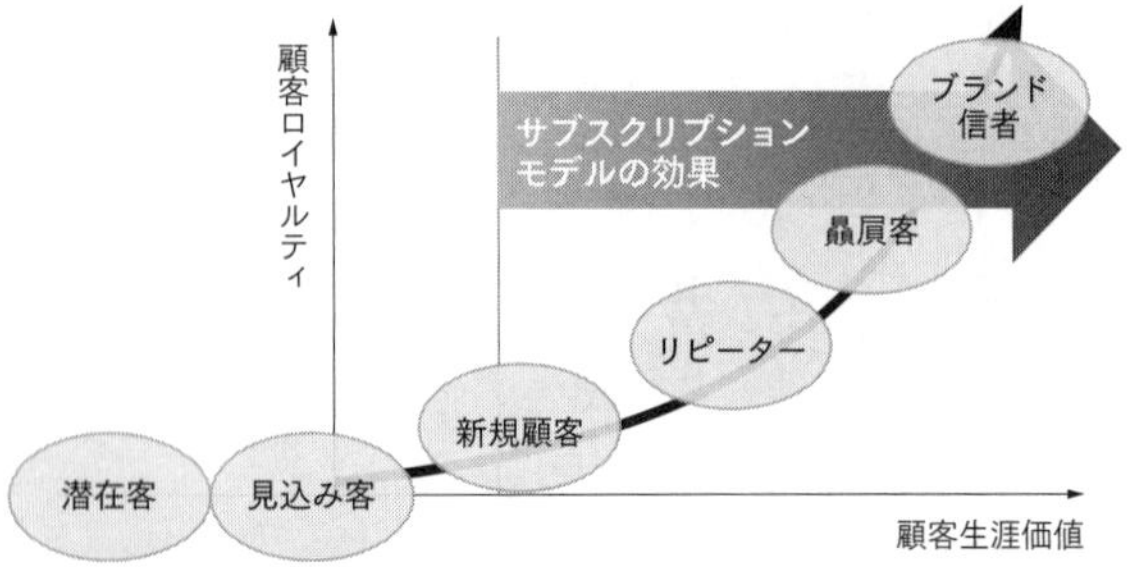

立つのが、**「顧客ロイヤルティ」**という考え方だ。「ロイヤルティ」は「絆」という意味なので、顧客ロイヤルティとは「お客さんとの絆」ということになる。

「顧客ロイヤルティ」で分類すると、お客さんは「潜在客→見込み客→新規顧客→リピーター→贔屓客→ブランド信者」へと進化していく。

「リピーター」「贔屓客」は、何度も商品やサービスを買ったり使ってくれる。「ブランド信者」になると、まるでセールスマンのように熱心に知り合いに商品を勧めてくれるようになる。顧客ロイヤルティが高いお客さんは、企業にもたらす収益の総額も大きいのだ。

この顧客が企業にもたらす価値の総量を**「顧客生涯価値」**という。顧客ロイヤルティが高い顧客は、「顧客生涯価値」も高い。

サブスクリプションモデルにより、お客さんはサービスをより頻繁に使用するようになり、定額サービス以外のサイドメニューを追加注文するようになる。

サブスクリプションモデルは、お客さんの顧客ロイヤルティを高めて、お客さんを囲い込む効果もあるのだ（顧客ロイヤルティについては第9章で詳しく紹介する）。

サブスクリプションモデルはこのようにして儲けているのである。

サブスクリプションモデルで溜まるデータは、宝の山

サブスクリプションモデルには、他にも大きなメリットがある。お客さんのデータだ。

ネットフリックスは、全世界で1億2500万世帯に映画やドラマを配信している。ユーザーは1日平均2時間以上、ネットフリックスを視聴している。この膨大なユーザー視聴情報を元に、ネットフリックスは個々のユーザーの好みを2000種類に分類し、ユーザーの好みに応じて番組を勧めている。これがさらに視聴率と視聴時間拡大に繋がっている。

ちなみにネットフリックスの2018年の動画コンテンツ制作費は、約1兆4000億

円（約130億ドル）と巨額だ。80本の長編映画を制作しているが、これはハリウッドのすべての映画スタジオの制作費の合計を超えているという。これもデータを活用し、常に多くのユーザーに満足してもらうように努力した結果だ。

サブスクリプションモデルにより蓄積されるユーザーの使用状況データは、宝の山になるのである。

売って儲けるのではなく使ってもらって儲ける――リカーリングモデル

サブスクリプションモデルのように定期収入を得ることで売上を稼ぐビジネスモデルは、**「リカーリングモデル」**とも呼ばれている。リカーリング（recurring）とは、「繰り返し発生する」という意味だ。まさに売上が繰り返し発生するのが、リカーリングモデルだ。

いま多くの企業が、売上の安定を目指し、リカーリングモデルにシフトしようとしている。

製品販売では、売るたびにお客さんにお金を出すことを納得してもらうことが必要だ。

時間をかけてリカーリングモデルにシフトするアップル

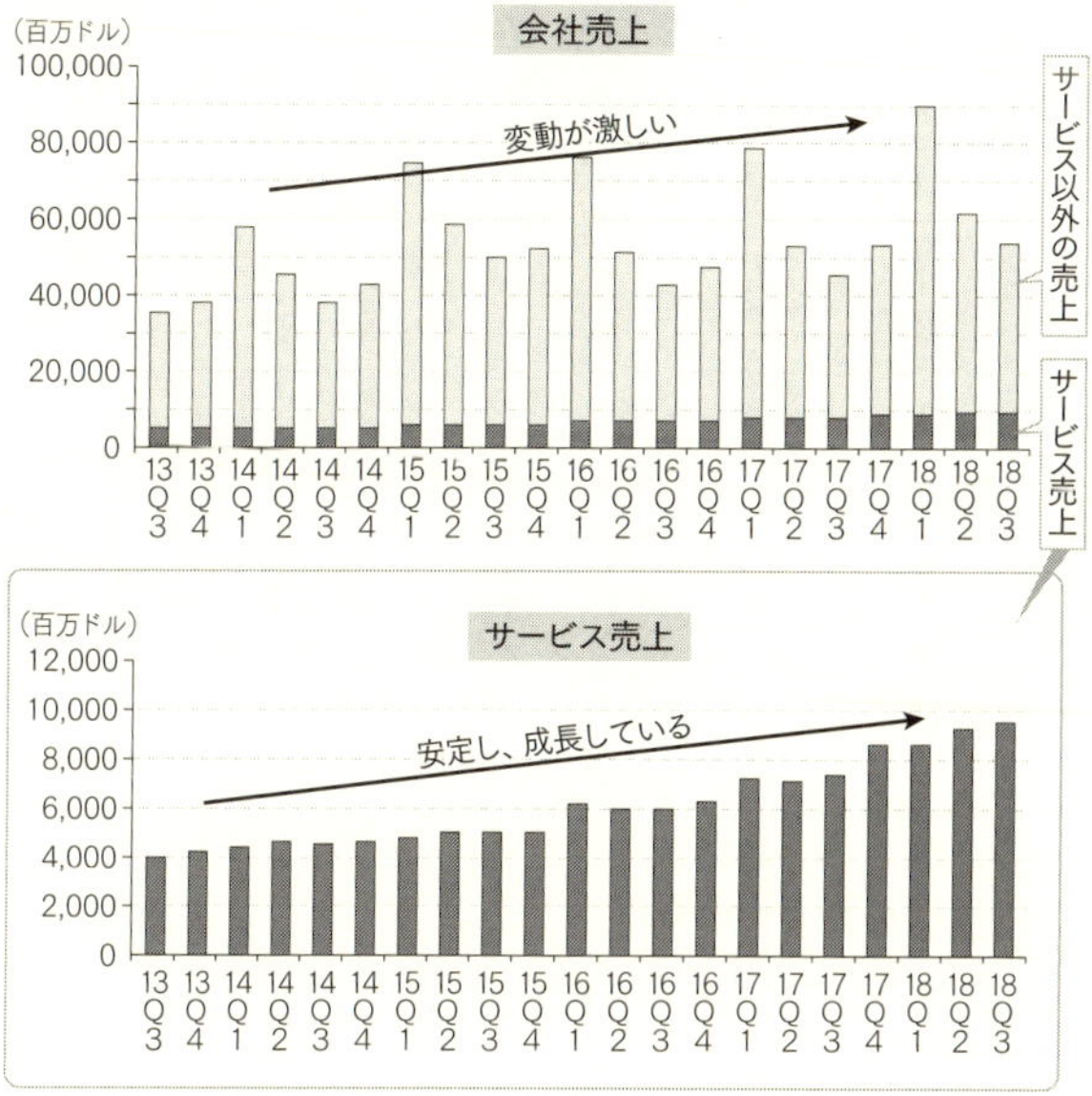

アップルの四半期毎業績発表を元に、著者作成（13Q3は2013年第3四半期を指す。以下同）

季節によって売れる時期や売れない時期があるので、売上も安定しない。

定額サービスのようなサブスクリプションモデルに変えれば、売上のムラはなくなる。そして製品販売後も継続的に売上を得られるようになる。

あのアップルも、リカーリングモデルにシフトしようとしている。

アップルの主な売上は、MacやiPhoneなどの製品販売だが、119ページの図の上のグラフにあるように、1年を通した季節変動や最新商品の当たり外れで売上は大きく変動している。

そこでアップルは、サービス売上を拡大させている。これはiTunesやiCloudなどのデータ管理サービスや、アプリなどの販売などだ。図の下のグラフにあるように、サービス売上は2013年から5年間で2倍以上に成長し続け、しかも売上は安定している。膨大な数のアップルユーザーは、少々景気が悪くなっても、これらのサービスを解約しない。だから売上も安定する。

全社売上に対するサービス売上の比率は、2013年第3四半期は11・3%から、5年間で17・9%に拡大した。アップルはじっくり時間をかけてサービス売上を成長させて、安定した売上体質に改善しているのである。

ソニーもプレイステーションで動画などをネット配信したり、音楽配信する会員制サービスを有料で国内・海外で展開しており、「リカーリングモデルへシフトする」と明言している。リカーリング型事業の比率は、2016年の35%から、2018年には40%にまで拡大しているという。

このように見ていくと、アマゾンの本当の凄さがわかってくる。

アマゾンは、「アマゾンプライム会員」の仕組みに長年投資してきた。年会費3900円（税込）を払ってアマゾンプライム会員になれば、配送料が無料になる。

実は、アマゾンプライム単体ではそれほど儲かっていないという。

しかしアマゾンプライム会員になると、配送料有料の他サイトでは損をするので、ネットで買う際はまずアマゾンをチェックして買うようになる。そしてアマゾンにはたいていの商品が揃っている。こうしてアマゾンプライム会員は、必要な商品を常にアマゾンで買うようになる。アマゾンプライム会員の顧客ロイヤルティは高いので、顧客生涯価値もとても高くなる。

アマゾンプライム会員は、アマゾン全体の売上を大きく拡大する効果があるのだ。

2018年、アマゾンプライム会員は全世界で1億人を超えたという。顧客ロイヤルティが高い1億人の顧客が、日々アマゾンで商品を買っているのだ。

さらにアマゾンは、ビデオ見放題、雑誌や本読み放題、一部商品ディスカウントにより、アマゾンプライム会員が離れないようにしっかり繋ぎ止めている。

かくいう私もアマゾンプライム会員として、日々アマゾンで商品を買っている。

さらにここ数年、アマゾンは、電子書籍端末、タブレット、スマートスピーカー、ビデオ配信用端末など、自社開発の家電に力を入れている。いずれも機能の割には激安だ。販売価格は製造原価に近くほとんど儲かっていないという。

これらのアマゾン家電は、ネット経由でアマゾンのサービスに繋げて使う。

たとえば電子書籍端末には、アマゾンで購入する電子書籍が配信される。

スマートスピーカーも、音声でアマゾンに商品を注文できる。

さらにこれらの家電機器を動かすソフトウェアの最新版は、アマゾンがネット経由でアマゾン家電に配信している。

アマゾンがアマゾン家電を原価で販売しているのは「売って儲ける」のではなく、「使ってもらって儲ける」ビジネスを目指しているからだ。

アマゾンは、あの手この手でリカーリングモデル化を強力に進めているのである。

アマゾン恐るべし、である。

最強のサブスクリプションモデル、成功のポイント

「サブスクリプションモデル、最強！　ウチもやろう」と思うかもしれない。

でもちょっと待って欲しい。サブスクリプションモデルが成功するためには、考えるべきポイントがある。

変動費が小さいサービスは、サブスクリプションモデルとの相性が抜群

動画配信のネットフリックス、音楽配信のスポティファイ、雑誌読み放題のｄマガジンは、ネットサービスなので、ユーザーが１人増えてもコストはほとんど増えない。つまり変動費がとても低いということだ。第３章でも紹介したように、ユーザー１人が増えるたびにかかるコストを**「限界費用」**というが、この限界費用がゼロに近い。だからサブスクリプションモデルにして、ユーザー数をできる限り増やすことで、儲かるようになる。

変動費が大きい場合、条件を設定する

人やモノが実際に動く飲食店やアパレルになると、ユーザーにサービスを提供するたびにお金がかかる。つまり材料原価や人件費などの変動費が大きい。だから変動費を考えた上で、価格を設定する必要がある。

たとえば、お客さんの利用回数に上限を設ける必要もある。月8600円の「1日一杯野郎ラーメン生活」は、ラーメン好きが集まるので、なかには1日で何杯も食べる人が出てくる。そこで上限は「1日1杯」だ。

メチャカリの場合も、一度に3点までと上限がある。

ターゲットを明確にする一方、顧客の消費量も考え、利用回数制限も検討する必要があるということだ。

サブスクリプションモデルで、どんな価値を生み出せるかが成功のポイント

「要は、売り切りを定額制に変えて、お客さんの興味を引くことを狙えばいいんでし

よ！」

これは大間違いである。単に料金設定を変えるだけではダメなのだ。たとえばメチャカリは、「服を選ぶのが面倒くさい」というお客さんに対して、定期的に新しい服を届けるという新しい価値を提供している。

dマガジンは、月額400円で雑誌読み放題という新しい価値を提供している。

このようにサブスクリプションモデルは、お客さんとの関わり方を根本的に変えて、新しい価値を提供するものなのだ。

従来の「モノを売る」場合、売った時点でお客さんへの働きかけはいったん終わる。しかしサブスクリプションモデルでは、お客さんが買った時から、お客さんとの関係が始まる。お客さんはいつでもやめられる。継続して利用してもらうためには、お客さんに価値を提供し続けることだ。

サブスクリプションモデルにより、価格戦略だけでなくお客さんとの関わり方も大きく変わっていく。今後サブスクリプションモデルは数多くの業界に浸透していくだろう。

サブスクリプションモデルで、
お客さんとの関係が変わる。
お客さんの体験を
常にアップデートしていこう。

本章のまとめ

・**サブスクリプションモデルで、顧客ロイヤルティ**を高めよう。
・溜まっていくデータを活用しよう。
・変動費が小さいビジネスでサブスクリプションモデルを検討しよう。
・変動費がある場合、条件を設定しよう。
・定額制にするだけでなく、どのような価値を提供するかを考えよう。

第5章

1000円の値引きより、1000円の下取り

適応型プライシング、保有効果、クーポン

米国のコーヒーが不味かったのは、価格競争の結果だった

「うーん。不味い。不味い。不味すぎる！」

1980年代、当時20代だった私は、米国によく出張した。

ホテルの朝食に出るコーヒーは例外なく、実に不味かった。そして不思議に思った。

「米国は豊かなのに、なんでコーヒーがこんなに不味いんだろう？」

似たような経験をした人も多いはずだ。


不味いのは、価格競争の結果である。

米国では1930年頃からコーヒーが家庭に普及し、市場は急成長した。

しかし30年後には一通り家庭に普及し、市場の成長は止まった。

そこでコーヒー各社は価格競争を始め、価格を下げるために、品質を落としたのである。

たとえば品質のよいアラビカ種というコーヒー豆を減らし、品質の悪いコーヒー豆を増

やした。またコーヒー3杯しか抽出できないところを、出がらしまで使って4杯抽出した。

当時行われた全米コーヒー協会の年次総会で、こんな言葉が残っている。

「どんな商品でも、誰かが少しだけ質を落として安く売ることは可能だ」

当時の品質の基準は「欠点がないこと」。「美味しいこと」は二の次だった。

私は安いだけで不味いコーヒーは、飲みたくない。米国人も同じだったようだ。

1962年、米国人は1人1日3・12杯飲んでいたが、40年後の2003年には1・5杯に減少。市場は縮小し、「米国のコーヒーは不味い」が定評になってしまった。

米国のコーヒーが不味かったのは、価格競争をして品質を下げた結果なのだ。

このように、「残念な値引き」は、誰も幸せにならない。

そして最後には市場が崩壊してしまう。

(ちなみにコーヒー市場崩壊が進んでいたこの頃、「美味しいコーヒーを作ろう」と立ち上がっ

た米国人たちが生み出したのが、スタバなどのいわゆるシアトル系コーヒーだ）

「残念な値引き」といえば、私自身、個人で経験してショックを受けたことがある。

残念な値引きで、妻がガックリした理由

妻と表参道を散歩していたら、お洒落なジーンズショップを見つけた。店で見つけた女性用ジーンズは、妻にサイズがピッタリ。何よりも格好いい。定価2万円だったが、思い切って買った。帰りの電車で袋を提《さ》げ、「いい買い物だった」と二人で大満足だった。

家に帰る途中、近所に同じジーンズショップがあった。

「また買いたいし、他の商品も見たいよね」

店に入った途端、驚いた。なんと、同じ商品が5割引きである。

「なぜ？　あり得ない……」妻はガックリ。

大満足は一瞬で後悔になり、このジーンズは二度と定価で買うことはなくなった。

第1章で紹介したアンカリング効果で考えると、これはよくわかる。おさらいするとアンカリング効果とは、「人は最初に見た数字や情報に大きく影響される」ということだ。店でジーンズを見た私たちは、「このジーンズ＝定価2万円」とアンカリングされ、定価で買った。つまり「2万円」という**値ごろ感**を持ったということだ。

しかし半額セールで、私たちの値ごろ感は「このジーンズ＝定価の半額」にリセットされ、定価で買わなくなったのである。

このジーンズショップは間もなく日本から撤退した。妻は残念がっていた。


これも「残念な値引き」だ。

どんなにいい商品でも、価格戦略を間違えると失敗する。

「高いけど買う」お客さんは、大切にすべきだ。他が少々安くても商品を買い続ける。

「安いから買う」お客さんは、安さ目当てのお客さんだ。他が安ければ、すぐ消える。

「残念な値引き」は、大切なお客さんが離れ、安さ目当てのお客さんに入れ替わる。そして安くしないと誰も買わなくなってしまうのである。

売上を増やす値引きに欠かせない3つの条件

値引きはできるだけやめるべきだ。

しかし上手に値引きすれば、売上を増やすことができる。

それには前提条件が3つある。

その1：最初に十分に高い価格にしておくこと

最初から赤字ギリギリの価格だと、値引きした途端に赤字である。値引きしても利益が出るように、最初に十分に高い価格にしておくことが大前提だ。

その2：ナイショの値引きはやめ、値引き条件をオープンにすること

「値引きしろってお客さんがうるさいから、値引きしよう」。これはダメである。

定価で買う大切にすべきお客さんがこれを知ると、あっという間に信頼を失う。

いまは「透明な時代」だ。昔は隠せたことも、ネット時代の現代は、すぐにバレる。

「すべては公になる」と考え、値引き理由は誰にでも明確に説明できるようにし、できれば値引き条件もオープンにすべきだ。

その3：商品自体の価格は下げず、条件付きで値引きする

価格を下げて一時的に売れても、しばらくすると売上が元に戻ることはとても多い。安くすると一時的にお客さんが集まるが、時間が経つと安さが当たり前になり、お客さんが集まらなくなるからだ。

そこで値下げ前の価格に戻すと、安い価格に慣れたお客さんは離れてしまう。これでは悪循環だ。商品自体の価格を下げるのはできる限り避けて、値下げするのであれば何らかの条件を付けるべきなのだ。

それでは、値引きで売上を増やしていく方法を考えていこう。

70代は食べ放題1000円引き——適応型プライシング

大阪に出張した私は、なぜか無性に焼き肉を食べたくなった。

焼き肉食べ放題の店を探し出し、席に着くとウェイターが来た。

「食べ放題でお願いします」

「ご年齢は?」

(なんで焼き肉食べるのに歳を聞くの? 年齢制限でもあるの?)と思いながら……。

「50代です」と答えると、「では360円引きですね」

なんと年齢で割引きをしているのである。通常3580円だが、ミドル(50代)は3220円、シニア(60代)は2860円、シルバー(70歳以上)は2500円。

70代以上は1000円以上の値引きになる。

改めて店内を見渡すと客はシニアばかりで、焼き肉を食べている。

現代のシニアは、肉をよく食べる。この10年間で肉を食べる量は、60~70代は1・5倍も増えているという。しかし30~40代は、70代の倍の肉を食べる。

顧客ニーズにあわせた「適応型プライシング」

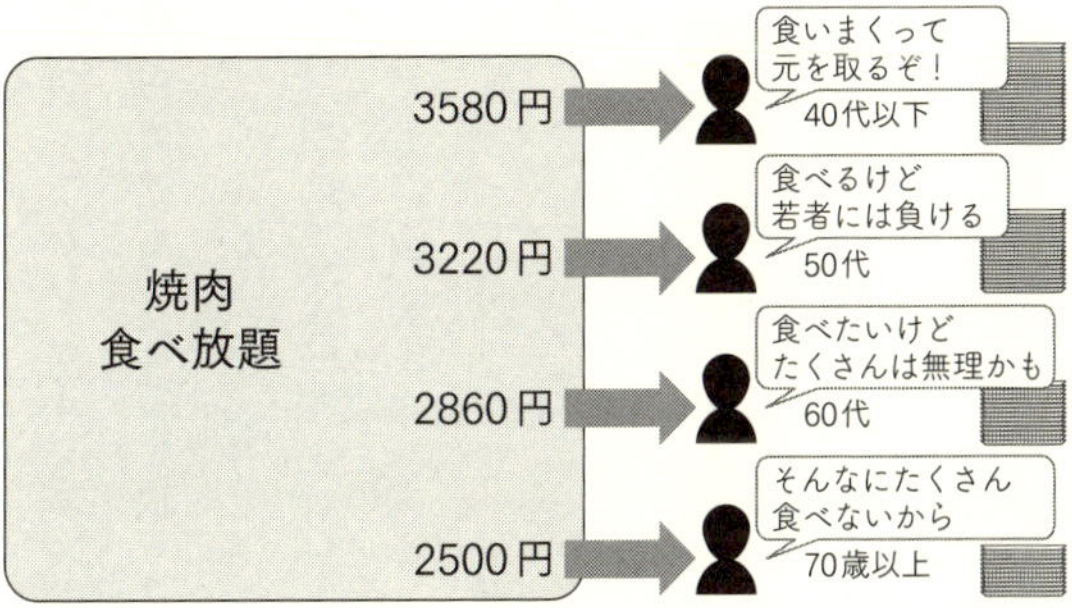

この店は「肉は食べたい。でも通常の焼き肉食べ放題では、元が取れない」というシニアをターゲットにして、年代別料金を設定し、成長しているのである。

私たちは「お客さんは平等。価格は一律に」と考えがちだ。「一物一価」の原則だ。

しかし、お客さんによってニーズは変わる。だから「お客さんはみな違う」と考え、ニーズに応じて価格を柔軟に変えれば、お客さんは買うようになる。「一物多価」の原則だ。

このようにお客さんに応じた価格付けが、**「適応型プライシング」**である。値引きをする際は、この「適応型プライシング」が基本的な考え方である。

適応型プライシングでは、相手を絞り込み狙い撃ちする。

年齢以外にも特定客を絞り込む方法はある。たとえば時間帯で絞り込む方法だ。

夕方のバーが「ハッピーアワー」でカクテルを半額にするのも、時間帯で絞り込む方法だ。この時間帯はお客さんが少ないので、より多く来店してもらうために半額にしている。料理は定価だし、ハッピーアワーが終わるとカクテルは定価に戻るので、実際には売上はそれほど下がらない。定価に対するお客さんの「値ごろ感」も変わらない。

米国の手芸用品チェーンがこんなキャンペーンを行った。

「ミシンを1台買うと、もう1台を2割引きでご提供」

「ミシンを2台も買う人、いないでしょ」と突っ込みたいところだが、これが大成功。

こんなことが起こったのだ。

「ちょっと、ちょっと。お隣の奥さん。ミシン、一緒に買いません？」

「あら。でも1万円もするわよ」

「それがね。いまなら2台買えば、2台目が2割引きなのよ。お得でしょ」

「1台目が1万円。2台目が8000円だから……1台9000円ね。あら、ランチ代浮くわね」

「ね！　一緒にランチしましょ♡」

（しつこいようだが、わかりやすくするため日本円に換算している）

これは「お隣の奥さんを誘う主婦」を狙い、2台目を2割引きで売っているのである。

適応型プライシングをさらに進めて、状況に応じてダイナミックに価格を変える方法もある。

お客さんの行動を変えるダイナミック・プライシング

それが「ダイナミック・プライシング」だ。

そもそもモノを売り買いする際は、価格の上下により、買う人も売る人も数が変わる。

そこでダイナミック・プライシングでは、価格をその場その場で上げ下げすることで、売上を拡大していく。

たとえば、これまでJリーグのチケットは、対戦カードや天候に関係なく、同じ価格で販売していた。しかしこれでは、不人気や悪天候だと売れ残りが出てしまうし、人気カードはすぐに満席になってしまってチケットが足りなくなる。なかには高値でチケットを不正転売する人も出てくる。

そこで横浜F・マリノスは、チケットの一部をダイナミック・プライシングで販売する実験を始めている。天候・日程・チームの順位に販売実績を組み合わせて、AIが分析して、チケットの価格を上げたり下げたりしているのだ。こうして来場するお客さんを増やし、スタジアムの稼働率を上げ、売上拡大を図るためだ。既にスポーツ業界でダイナミック・プライシングを導入している米国では、全体の売上が平均で1~3割アップしているという。

ただ、ダイナミック・プライシングを行う際には、落とし穴もある。

近くのスーパーでは、閉店1時間前になると、売れ残りの魚やお惣菜を特売し始める。商品に値引きシールが貼られた瞬間、待っていたように群がるお客さんも多い。一見すると、このスーパーはダイナミック・プライシングを行っているように見える。確かに特売タイムで商品を売り切ると、売上は増えているように見える。

しかし実際には、安さ狙いのお客さんが特売タイムを待っているので、特売タイム前の売上は下がっている。結果、全体の売上は下がる。

本来のダイナミック・プライシングは、「価格を変えることで、その時間帯のお客さんが買いたくなるようにすること」だ。閉店直前の特売は、これとは違う。安さ目当てのお客さんが、わざわざその時間を狙って来るようになるからだ。

これは本来のダイナミック・プライシングではない。

スーパーにとっては「腐らせて廃棄しないために、あえて特売する」という考え方もあるので、難しい問題だ。しかし「もったいない」という問題はいったん脇に置いて、価格戦略だけの観点で考えると、閉店前のタイムセールは問題もあるということだ。

一方で近所にお気に入りのケーキ屋がある。美味しいので特別な日に買い、家で食べる。

私は閉店間際に買うことも多い。お客さんの立場では、ついこう思ってしまう。

「美味しいのに、捨てるのはもったいないなぁ……」

しかしこの店は、どんなにケーキが余っていても特売しない。定価販売を貫いている。

私は「もったいない」と思ってしまうが、定価戦略を貫くこのケーキ屋は、「ブランド価値を維持し、売上も維持する」という点では正しいのである。

さらに、値引きは価格を下げるだけとは限らない。

1000円の値引きより、1000円の下取り――保有効果

そのスーパーでは衣料の割引きセールを繰り返したが、お客さんの反応はサッパリだっ

た。

そこで責任者がこういった。

「現金下取りセールをしよう」

「5000円買えば、服を現金1000円で下取り」というキャンペーンをするという。

部下は反対した。

「それって、失敗した2割引きセールとまったく同じじゃないですか！」

「お客さんに余分な手間がかかります。面倒くさいと思われるだけです」

しかし、実際に下取りセールをやると大成功。お客さんも「次は、いつやるの？」。

なぜ1000円の値引きキャンペーンは失敗し、1000円の下取りセールは成功したのだろうか？


私は服を買いに行っても、何も買わずに帰ってくることが多い。いつも「そういえば、家にあったアレ、まだ着られる……」と考えてしまうからだ。

お客さんも同じく、スーパーで衣料の特売を見ても、自宅の服を思い出して「もったいないから、買うのはやめよう」と考えていたのである。

しかし、「服を現金1000円で買い取り」だと「もったいない」という罪悪感は消える。

しかも購入金額の2割分の現金も手にでき、その上「他人が使う」という社会貢献欲も満足できる。

ちなみにこの下取りセールはイトーヨーカドーが実際に10年前に行い、大成功した。

テレビ通販で商品や値引きなどをアピールした後、

「でも奥さん！　お宅の洗濯機、『まだ使えるし、リサイクルに手間もお金もかかるなぁ』と思っているでしょ。そこでなんと、お宅の洗濯機を2万円でお引き取りしちゃいます～す」

……と最後の一押しをするのも、同じくこの下取りセールである。

これは行動経済学者のリチャード・セイラーが提唱した**「保有効果」**によるものだ。人

「値引き」よりも、「下取り」

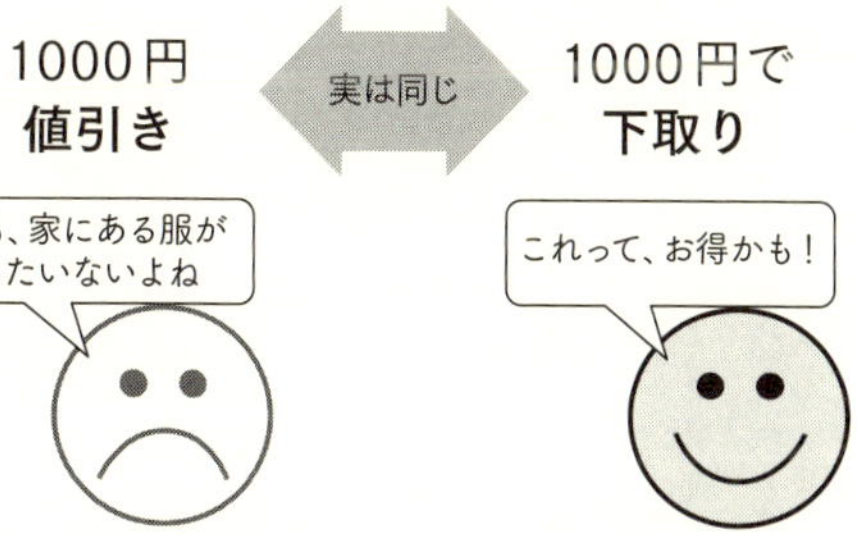

は自分が所有しているモノには、他人よりも高い価値を感じてしまうのである。

たとえば私は写真がライフワークなので、カメラを数多く持っている。どれも酷使してボロボロだが、なかなか手放せない。また本も次々と買い込んでいてたくさんあるのだが、これらの本もなかなか手放せない。以前は「家が狭くなるから早く処分して」といっていた妻も、私がガラクタをなかなか手放そうとしないので、もはや半分諦めているようだ。これも保有効果である。

この「保有効果」がわかれば、値引きよりも下取りの方が効果がある理由もわかる。

新しい服を買って古い服を処分する場合、古い服はタダで捨てることになる。

家電にいたっては、処分する場合、逆に家電リサイクルのお金を取られてしまう。

それを「下取りしてくれる」というのである。

「そうそう。私はこれまで使っていたモノに愛着があるんです。わかっているじゃないですか！」と思い、下取りしてくれる店に好意を持つようになり、買ってしまうのである。

最近は最新スマホが発売されるたびに、いま使っているスマホを下取りするようになった。これも愛着あるスマホを最新スマホに買い替える際の罪悪感を減らすためのものである。かくいう私も、このおかげで罪悪感を感じずにスマホを買い替えている。

クーポンを作れば、値下げと定価販売を両立できる

クーポンを組み合わせると、価格戦略に幅が出る。

価格を気にするお客さんは、「ホットペッパー」を熟読し、クーポンを探し出して来店するので、値引き販売ができる。

一方で価格を気にしないお客さんは、そんなことは面倒なので、定価で買ってくれる。

こうして両方のお客さんが買ってくれる。つまりクーポンとは、安さ重視のお客さんには値下げして、定価で買うお客さんには定価で販売する方法だ。

「はなまるうどん」は、クーポンの使い方が上手だ。「はなまるうどん」は健康メニューの開発に積極的だが、期間限定で「健康保険証を見せれば50円引き」などのキャンペーンを行ったことがある。この時は健康保険証をクーポン代わりに使ったのだが、来店客数を3％アップさせる効果があった。

ただしクーポンをやりすぎると、「安物イメージ」もついてしまう。多用しすぎると、価格目当てのお客さんが集まり、単なる値引きになってしまう。あるファストフードチェーンはクーポンを乱発した結果、来店客の8割がクーポン客になり、業績不振に繋がったことがある。

このようにクーポンは顧客、時間帯、商品を絞り込み、さらに個数を限定して行えば、効果が上がる。

値引きするなら、客を絞りこめ

本章では、値引きで売上を増やす方法を紹介した。

いろいろなパターンを紹介してきたが、最後に重要な点をお伝えしたい。

それは、「値引きは最終手段である」ということだ。

値引きの本質は、「割安感を売りに、購入を促すこと」である。

お客さんが買う理由は、価格だけではない。他にもいろいろな理由がある。値下げは、他のあらゆる手段を尽くし、価格以外の価値を訴求した上で、最終手段として使うべきだ。


値引きで売るなら、誰でもできる。値引きしないで売るのが、本来のビジネスだ。


まずは値引きをしないで売ることを考えるべきである。

そして値引きするのであれば、お客さんを絞り込み、いかに売上を増やすかを徹底的に考え抜くべきだ。

割安感を出す方法は値引きだけではない。

値引きせずに、価格を一工夫する方法もある。これは次章で紹介したい。

値引きは最終手段だ。
使わないことに意味がある。
あの手この手で条件を決め、
お客さんごとに価格を変えよう。

本章のまとめ

・上手に値引きをする**3つの前提条件**を守ろう。

・値引きするなら、ニーズに応じて価格を変える**「適応型プライシング」**をしよう。

・**「ダイナミック・プライシング」**で需要を創り出し、売上拡大せよ。

・**「保有効果」**を狙い、下取りを検討しよう。

・クーポン多用には、要注意。

第6章

商品数を1／4にしたら、6倍売れたワケ

フレーミング効果

目立たないタイプのミカさんが、婚活パーティでモテモテな理由

さて、第3章で「アンタ可愛くないんだから、若さを売りにしなさい」と先輩にいわれたミカさん。なんとその後、婚活パーティでは男性多数とカップル成立になり、目下候補者を絞り込み中だという。

意外なことに、ミカさんは婚活パーティでモテるそうだ。その秘密は何なのだろう？

「要は、戦略ですよ、戦略」とミカさんは説明を始めた。

ミカさん曰く「自分、可愛くないですから」。まずは現状認識だ。戦略の基本である。

実は婚活パーティ初参加の時、ミカさんは、キレイでメイクも上手な女性が多くて、恐れおののき、緊張しすぎて男性陣の聞き役に回っていたという。これがよかったのだ。パーティの中盤で印象確認カードが届いた時、好印象の数は、なんとキレイな女性よりも多かった。

フリータイムに男性と話をすると、「キレイな人って、怖いですよね」。ニコリともしな

ミカさんの婚活パーティ戦略
「売れるかどうかは、見せ方次第」

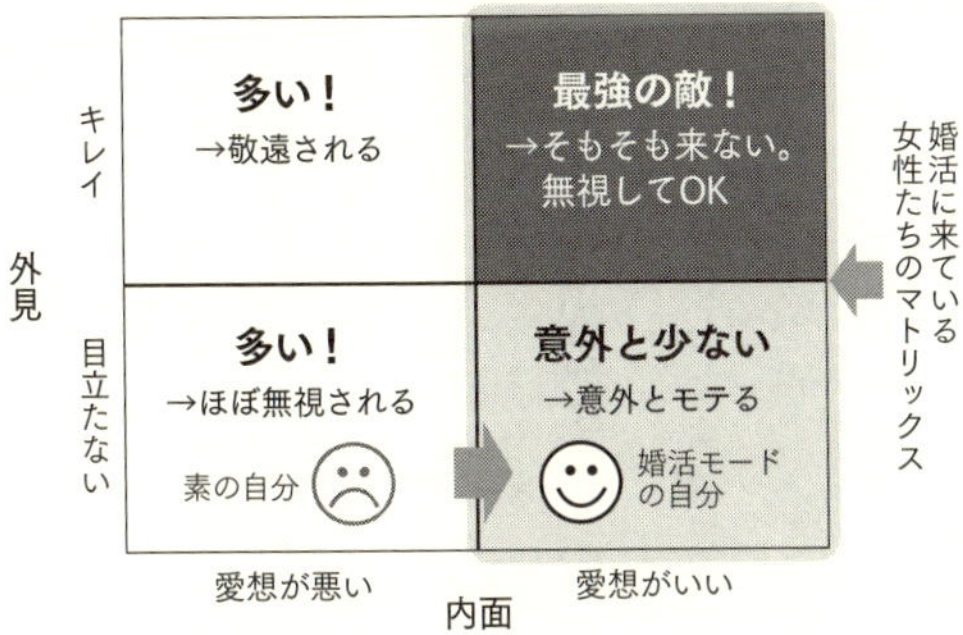

い人が多いそうだ。それでわかったそうだ。

「そうか。男性は女性を『外見がキレイか、そうでないか』『愛想がいいか、悪いか』だけで見ているんだ」（ミカさんの言葉である。著者の言葉ではない。念のため）

その場でヒラめき、すぐに印象確認カードの裏に手書きでメモしたのが、上の戦略図である。

ミカさんは、「外見は変えられない。だから自分の性格を、婚活パーティの時間だけは『婚活モード』に変えればいい」とわかってからは、婚活パーティでモテまくりだという。

パーティ後がどうなのか、気になるところである。

その点を確認したら、ミカさんはこう言い切った。

「人間、第一印象が9割」

第一印象さえよければ、あとはフォローできるという。

最後にミカさんはこう付け加えた。

「要は、売れるかどうかは、見せ方次第なんですよね」

このミカさんの言葉は、実に深い。価格戦略でも、極めて重要な言葉なのである。

同じ価格の同じ商品でも、価格の見せ方を一工夫すれば、売れるのだ。

行動経済学が明かす松竹梅マジック

「うーん。松は贅沢かなぁ。でも梅はちょっと寂しいなぁ」

私の大好物は、うな重である。いつも悩むのが松・竹・梅のどれにするか。悩み抜いた末、たいていは竹に落ち着く。

私のように、選択肢が3つあると多くの人は真ん中を選ぶ。行動経済学ではこの現象を**「極端の回避性」**と呼ぶ。悩み抜いた私が竹を選ぶように、人は違いが判断できないと真

行動経済学が示す「極端の回避性」——松竹梅マジック

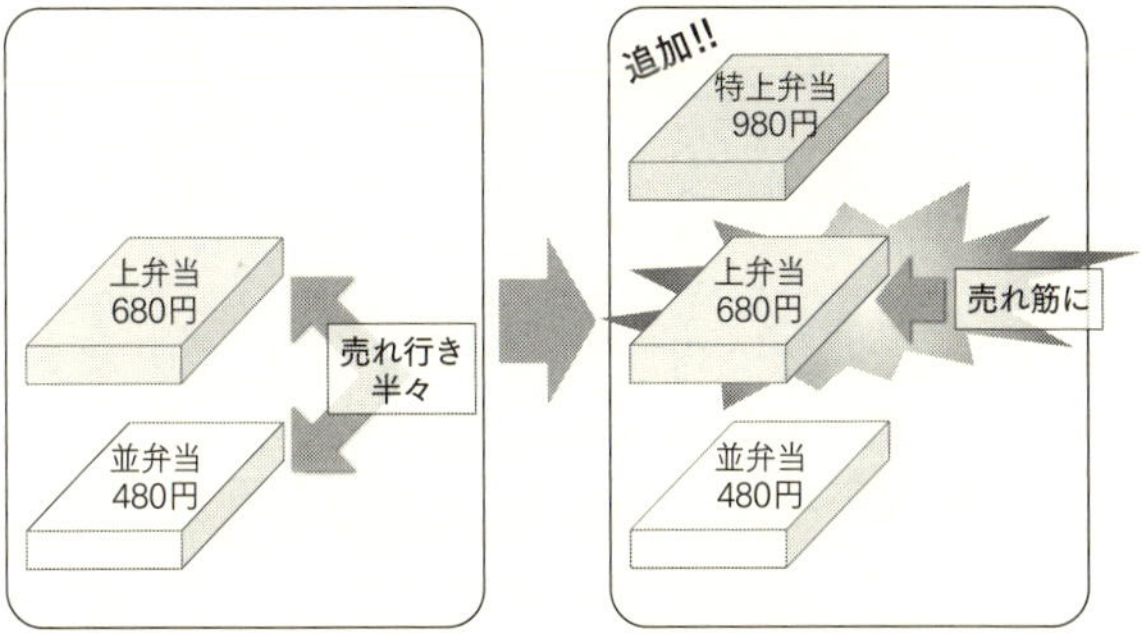

ん中を選ぶ習性がある。これは価格戦略でも重要だ。

弁当屋で並弁当（480円）と上弁当（680円）の2種類を販売すると半々売れる。ここに特上弁当（980円）を加えた途端、上弁当（680円）が一番売れるようになる。

実際、「オリジン弁当」を展開するオリジン東秀が二〇一二年、幕の内弁当を1種類から3種類（450円、上490円、特上690円）に増やしたところ、490円の「上幕の内」が一番売れ、幕の内弁当の売れ行きは前年比78％増になったという。

このように、同じものでも見せ方を変えることで人の判断や選択が変わる現象を、行動経済学で「フレー

ミング効果」と呼ぶ。

価格を一工夫する際には、この「フレーミング効果」を活用することだ。

「極端の回避性」もこのフレーミング効果の一つ。「松竹梅」は意外と強力な価格戦略なのである。

選択肢が多いことはストレスになる

コロンビア大学のシーナ・アイエンガー教授は、スーパーである実験をした。

店内にジャムの試食販売売り場を二つ作った。一つは24種類のジャムを、もう一つは6種類のジャムを陳列。売上を比較した。

結果、24種類の売り場では、100人中60人が足を止め、買ったのは2人。注目を集めたが、そのうち3％しか購入しなかった。

6種類の売り場では、100人中40人が足を止め、買ったのは12人。注目度は2／3に減ったが、そのうち30％が購入した。

選択肢を絞っただけで、なんと6倍も売れたのである。

選択肢が多すぎると選べない「ジャム実験」

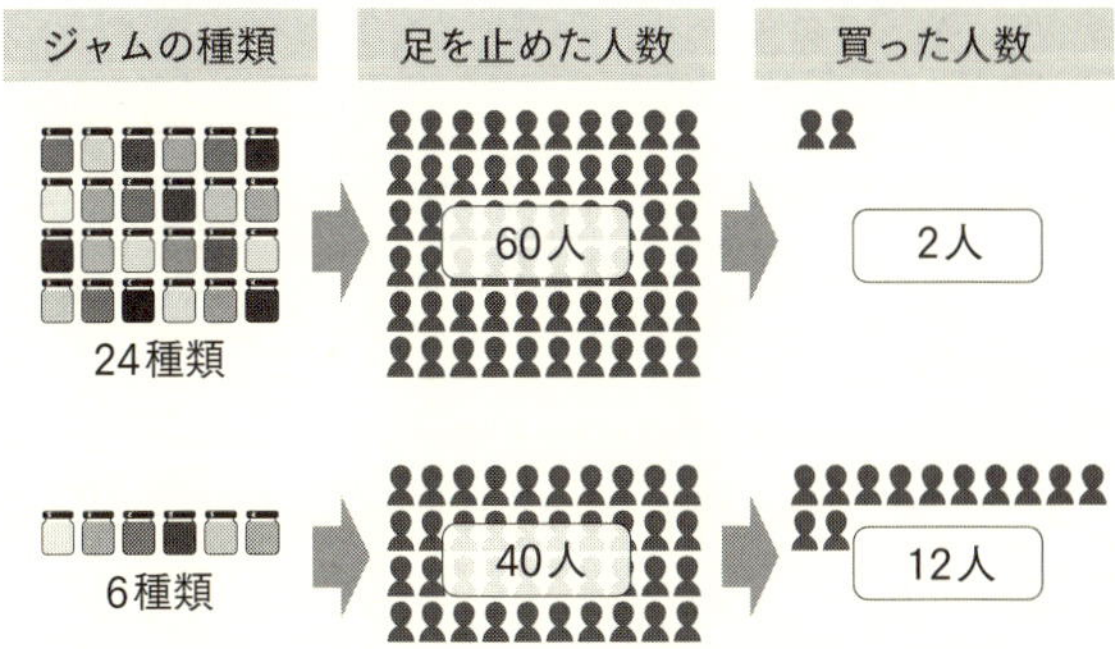

他とはっきり区別できる商品、たとえば本や音楽などでは、選択肢が多い方が好みの商品を見つけることができる。

しかし他との違いがよくわからないような商品の場合、選択肢があまりにも多すぎると逆にお客さんのストレスになる。選択肢が多すぎて、「自分の選択が間違っているのでは」と考えてしまうのである。結果、商品購入のハードルが上がる。

このような場合は、むしろ商品の違いが明確にわかるように選択肢を絞った方が、お客さんは買う決心がしやすくなるので、売れるようになる。

実際にP&Gは、フケ防止シャンプーが26種類もあったが、売上の少ない商品を廃止して15種類に絞ったところ、売上は10％も上がったという。

アップルのｉＰｈｏｎｅやＭａｃＢｏｏｋも、機種数がとても少ない。これもお客さんが選択に迷うことなく、買うようにするためである。

選択肢を絞り、さらに松竹梅マジックを組み合わせて売れたケースもある。

メガネの製造・販売を行っているＪＩＮＳは、メガネフレームの価格帯が4種類（４９００円、５９００円、７９００円、９９００円）あった。これを3種類（５０００円、８０００円、1万２０００円）に絞ったところ、価格帯の中心値が５０００円から８０００円になり、販売価格が３０００円も上がったという。価格帯を3種類にして、さらに中央の８０００円に誘導した結果だ。

私がこの20年間お世話になっている東京・代々木にある靴屋は、狭い店内に靴を女性用・男性用あわせても数十種類しか置いていない。しかしどれも、店主が「履きやすくてお洒落な靴」を目利きして厳選した、個性豊かな靴ばかりだ。

デパートの靴屋は、実にたくさんの靴の品揃えがある。しかし履きにくかったり、似たような靴が多く、違いがわからないのでなかなか選べない。

しかしこの店では、すぐにお気に入りを選ぶことができる上、私はこの店の靴を履くようになってから、足のトラブルは皆無になった。

さらに買った靴はマメに修理してくれる。10年前に買った靴も安くなかったが、いまだに現役である。私は靴を大切に使い続けられるし、店側にも修理代が入るということだ。この店は第4章で紹介したリカーリングモデルも実践しているのである。

最近はさらに選択肢を絞って、単品売りの店もある。

普通のパン屋は、コッペパン、フランスパン、あんパン、コロッケパン、カレーパンなど、様々な種類のパンを揃えて売っている。しかし私の近所にあるパン屋は、単品の食パンのみ。通常の食パンサイズは400円、倍のサイズは800円。この2種類だけだ。

開店前には毎日数十名の奥様たちが行列している。夕方まで営業していて、常に食パンを焼いているが、予約しないと買えない。毎日完売だ。この店は、最高に美味しい単品の食パンを売りにして、味にうるさい奥様たちをトリコにしているのである。

他にも、焼きたてチーズタルトしか売っていない菓子屋や、トリュフパスタ単品しか出さないイタリアンレストランなど、単品販売の店は増えている。

いまや商品の種類を多く揃えるよりも、厳選したよい商品を揃える方が、売れる時代なのである。

メッセージを変える——いきなり！ステーキの「肉マネー」

コンビニで商品を見ていたら、こんなカードが5000円で売られていた。

「肉マネー」

ステーキ専門チェーンの「いきなり！ステーキ」で使える5000円の電子マネーである。しかも200円のボーナスが付いている。ギフトに使えるという。

これが「いきなり！ステーキギフトカード」というネーミングだと、当たり前すぎて、コンビニは売ってくれないだろう。「肉マネー」というネーミングが、「とても価値があるもの」という印象を与えるのだ。

「いきなり！ステーキ」は価格戦略のメッセージが秀逸だ。

食べた肉の重量でマイルが貯まる「肉マイレージ」というものもある。

これが「いきなり！ステーキご愛顧カード」だと、あまりに当たり前すぎる。

ギフトカードを「肉マネー」、ご愛顧カードを「肉マイレージ」というメッセージに変えることで、コアなファンの心を鷲掴みにしているのである。

これもフレーミング効果の一つだ。

ちなみに「いきなり！ステーキ」は、肉マイレージのランキングを発表している。

2018年9月時点で総合ランキング第1位は、133116グラム。

なんと1・3トンである。人間、こんなに肉を食べることができるものなのだろうか。

値引きせず、お客の収入で価格を変える

値引きせずに、お客さんの収入にあわせた価格で商品を用意する方法もある。

メルセデス・ベンツは高級乗用車の代表格だ。そのベンツの源流は最上位モデルのSクラス。しかし、もしメルセデスがSクラスしか用意していないとどうだろう？

メルセデスは顧客別に商品と価格を用意している

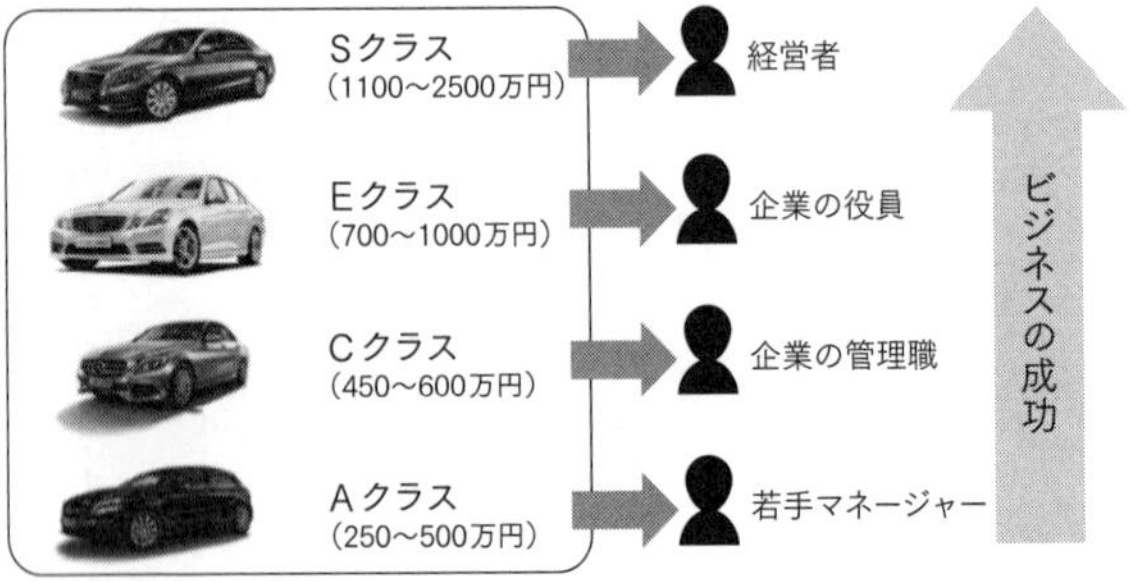

若手マネージャーや企業の管理職で、ベンツが大好きな人たちでも、1000万円以上するSクラスは高すぎて買えない。しかもベンツは値引きしないのが大方針だ。せっかくベンツが好きなお客さんがいても、売上は増えない。

そこでメルセデスは、お客さんのターゲット別に車種を用意している。

様々な価格帯を用意することで、若手マネージャーにはAクラスを、管理職に昇進するとCクラスを、さらに役員になるとEクラスを選んでもらうようにしているのである。

「端数価格効果」のマジック

スーパーのチラシを見ると、198円や298円

端数価格効果のマジック

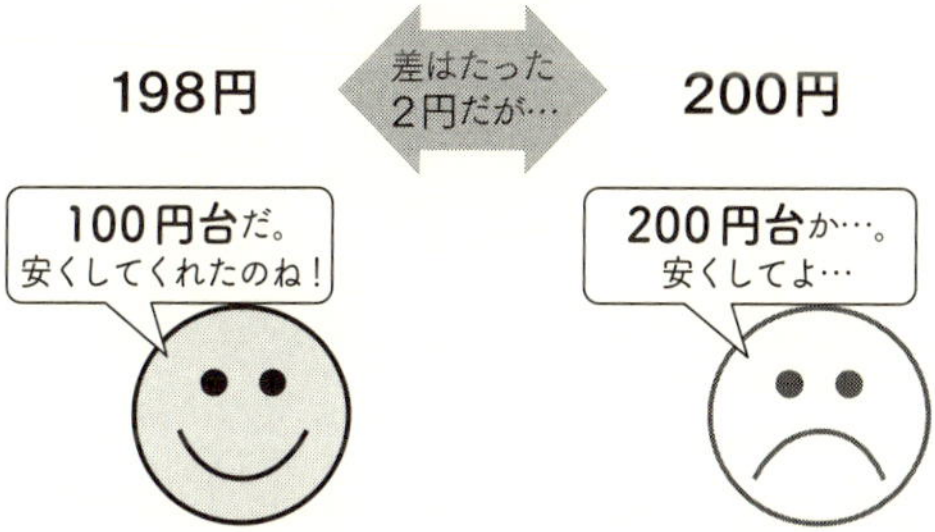

という端数価格がとても多い。割安感をアピールするためだ。

よく考えると、198円と200円の差額はたった2円だ。比率にすると、わずか1％。しかし多くの人が、198円は「100円台」、200円は「200円台」と無意識に認識してしまう。人は一番位が大きい左側の数字に着目してしまうためらしい。

このように端数価格で割安感を感じさせる効果を**「端数価格効果」**という。

日本人は、「198円」とか「298円」といったように「8」で終わる数字で端数価格効果が出るが、米国だと「1・99ドル」とか「2・99ドル」というように「9」で終わる数字が多い。

ある日本の研究者の調査では、日本人は「8」という数字について「縁起がいい」「末広がり」「明るい」というイメージを持つが、「9」は「苦しい」「半端」「不完全」というイメージを持つという。だから日本では「8」で終わる数字で端数価格効果が出るのかもしれない。

この端数価格について、シカゴ大学のエリック・アンダーソンとダンカン・サイメスターは、同じ婦人服を34ドル・39ドル・44ドルの3つの価格で売る実験をしてみた。

普通に考えると一番安い34ドルが売れそうだが、面白いことに一番売れたのは39ドルで、34ドルと44ドルは売上が20％も低かったという。端数価格は「努力してギリギリまで安くしました」という隠れたメッセージを与えて、割安感を感じさせる力を持つようだ。

ただし、端数価格効果も万能ではない。

消費者が商品のことをよく知っていると、端数価格には囚われなくなる。

またプレミアム商品では、端数価格は逆に「安物」という印象を与えてしまう。

先の日本人の数字の調査では、「10」という数字については「キリがいい」「満足」「パーフェクト」というイメージを持つという。むしろプレミアム商品では、キリのいい数字で価値を訴求する方が、品質をアピールする上で効果的である。

たとえばミキモトやＴＡＳＡＫＩ（旧・田崎真珠）では、税別価格で50万円とか85万円といったキリのいい価格を設定している。もしこれらの商品を19万８０００円とか98万円といった端数価格で売ると、逆に高級イメージが失われてしまう。

端数価格マジックも、時と状況により、ケースバイケースなのである。

「セット販売」に「バラ売り」戦略で売上拡大

価格を一工夫する方法は、他にもある。

たとえば**「バンドリング」**。セット販売で安さを訴求し、売上を増やす戦略だ。マクドナルドで、ビッグマックとドリンクを４９０円で買うつもりだったお客さんに、マックフライポテトを追加したバリューセット６９０円を売るのも、お得感で売上を拡大するためだ。

バンドリングでは、「一つひとつ選ぶのはちょっと面倒くさいな」と感じているお客さんに、予《あらかじ》めセットで組み合わせてお得感も打ち出して販売することで、売上拡大を狙う。

さらにバンドリングすることで、店側もコスト削減ができる。たとえばマクドナルドの場合、個別に商品を売ると店側の手間も時間もかかってしまうが、セット販売することで販売の手間は大きく削減できる。

また、私はかつてスマホ回線と自宅電話回線は別の通信会社を使っていた。

ある日、スマホ回線を、自宅電話回線の通信会社に切り換えると、家族全体のスマホの通信料金が月2000円も安くなるとわかった。1年分で2万4000円、5年でなんと12万円である。「これはお得だ」と、すぐに切り換えた。

通信会社から見ると、スマホ回線切り換え前は、私の売上は自宅電話回線分の月1万円だけだったが、切り換えた後は月2万円。実に売上倍増である。

さらに通信会社のビジネスは、第4章で紹介したサブスクリプションモデルである。サブスクリプションモデルで重要なことは、解約率をなるべく低く抑えることだ。お客さんに割安感をアピールして複数回線の契約をさせることで、解約しにくくして、契約期間を長くさせているのである。

このようにバンドリングは、セット販売で安さをアピールし、売上を増やす価格戦略だ。

「アンバンドリング」は、バンドリングとは逆に「バラ売り」するという意味だ。

アンバンドリングでは、必要な部分だけを切り出して割安感を出し、お客さんの抵抗感を少なくすることにより、消費量を増やし、市場を拡大する効果がある。

映画『バットマン』で、バットマンの忠実な執事として活動を支えるのがアルフレッドだ。武器の調達や開発、敵の調査分析などあらゆる難題を引き受けてくれる。

「アルフレッドのような執事は、資産家しか雇えない」と思いがちだ。

確かに、アルフレッドのようなスーパー執事は滅多にいない。

家に常駐してサポートしてもらうにも、莫大なお金がかかってしまう。

しかし普通の執事で1日限定であれば、いまや5万円で雇えるのである。

たとえば、お相手の女性をリムジンで出迎えて、

「○○家の執事でございます。当主の命によりお迎えに上がりました」

公序良俗に反せず、執事本人の身に危険が及ばない限り、ありとあらゆる仕事に徹底的に対応するという。もちろん常駐の場合は富裕層でなければ雇えないが、特別な日の演出であれば、いまや執事は意外と身近な存在なのである。

執事もアンバンドリングされているということだ。


また、かつて音楽を聴くには数千円でCDを買っていた。しかしアップルのiTunesのおかげで1曲99セントでダウンロードできるようになり、デジタル音楽が一気に広まった。これも音楽がアンバンドリングされた結果である。


商品をよく知るお客さんは、バンドリングのセット販売だとムダと感じる場合がある。

そんな時は、アンバンドリングは有効な価格戦略になる。

同じ価格でも、見せ方次第で売れ行きが変わる

人間は意外と合理的ではない。

あまり目立たないタイプのミカさんが婚活パーティでモテモテなように、同じ価格の同じ商品でも、フレーミング効果を活かして見せ方を変えれば、売れるようになる。

割安感を出す方法は、値下げだけではないのである。

値下げしなくても、
価格の見せ方を変えれば、
割安感は出せる。

本章のまとめ

・**フレーミング効果**を狙え。
・**松竹梅マジック**は意外と強力。売りたい商品を竹に持っていこう。
・商品点数は増やすな。むしろ減らせ。
・メッセージを変えろ。
・**端数価格効果**で割安感をアピールせよ。
・**バンドリング**でまとめれば、割安感をアピールできる。
・逆に**アンバンドリング**でバラ売りしても、割安感はアピールできる。

第2部

値上げしても爆売れするカラクリ

――お客さんを見極め、高く売る

第2部のテーマは、お客さんが納得する価格で、高く売ること。
これぞ価格戦略の王道である。

高く売るためのルールは、実はとてもシンプルだ。
正しいターゲットのお客さんを見極めて、お客さんが求めていることを理解する。
その上で高い価値を生み出す。
そして値ごろ感がある価格を決める。
さらに自社のファンを作っていく。

第2部ではこの方法を、順を追って紹介していく。

第7章

大人気・順番待ちの1本25万円生ハムセラー

バリュープロポジションとブルーオーシャン戦略

渡辺直美がブレイクした理由は「希少性」にあった

「和製ビヨンセ」をテレビで初めて見た時は、衝撃だった。推定体重100kg。登場するなり、いきなり激しいダンスパフォーマンスを始めた。歌は完璧。よく見ると口パク。「口パクの女王」だという。踊りと完璧に同期している。踊るたびに波打つお腹を見なければ、どう見てもビヨンセだ。しかし同時にこう思った。

「すぐに消えるんだろうなぁ……」。……スイマセン。私、間違っておりました。

「和製ビヨンセ」が「渡辺直美」という名前だと知ったのは、かなり後になってからだ。名人気はグングン急上昇。ドラマ主演も果たした。インスタグラムのフォロワー数は、名だたる芸能人を押さえ日本人トップの800万人（2018年8月現在）。2018年には米『タイム』誌で「インターネット上で最も影響力ある25人」に選ばれた。「『日本人女性かくあるべし』という常識に囚われず活動している」からだという。世界のトップ25人である。念のため。

これまでも「デブキャラ」はいた。しかし、ここまでブレイクした人はほとんどいない。

なぜ渡辺直美はブレイクしたのだろうか？

まず太っているだけでなく、「明るく、オシャレで、激しいダンスをする」というギャップ感、言い換えれば「希少性」である。

さらに芸人としても面白い。2012年と2013年の『史上空前！笑いの祭典　ザ・ドリームマッチ』では2年連続で優勝している。世の中は常に面白いモノを求めているのである。

本人も努力している。2014年にニューヨークに3カ月間留学し、徹底してダンスと語学を学んだ。その後、仕事の幅が広がり、2016年から急に新しい仕事が増えたという。

いまや渡辺直美は、CMにも引っ張りだこの超売れっ子だ。2018年上期のCM起用社数は11社。女性タレントでは綾瀬はるかやローラと並び、堂々の4位である（ニホンモニター調べ）。

希少なものは高い価値を持つ。しかしそれだけでは不十分。高く売れるには、市場が求めていることが必要なのである。

このように希少なものは高い価値を持つことを、私自身も体験した。コーヒーである。

美味しくないのに、プレミアム。一杯3000円のコーヒーの裏側

新宿のカフェでコーヒーを頼もうとしてメニューを開いた瞬間、目が釘付けになった。

「コピ・ルアクあります。一杯3000円」

コピ・ルアクは、映画『最高の人生の見つけ方』でもジャック・ニコルソン演じる大富豪が愛飲するコーヒーとして登場した「世界一高い」といわれる伝説のコーヒーである。

カフェのメニューで見たのは初めてだ。

コーヒー好きの血が騒ぎ、値段のことはいったん忘れて、すぐに注文した。

お味は……。正直微妙。独特な香りがするが、500円でもっと美味しいコーヒーはある。実際にコーヒー専門家とコピ・ルアクの話をすると、「ああ、アレねー」と微妙な顔をされることも少なくない。

実はこのコピ・ルアク、ジョークから生まれたものである。

ジョン・マルティネスという人が、高いジャマイカ産ブルーマウンテンを売っていた。しかしお客さんから「ヘイ、ジョン！　オタクのコーヒー、高すぎるぜ」と文句をいわれたらしい。マルティネスは「ノー！　そんな法外なお金は取ってないよ」と知ってもらうために、より高いコピ・ルアクを売り始めたという。彼にとってはジョークのつもりだったのである。

では、なぜ美味しいとはいえない、しかも冗談半分で作ったコピ・ルアクが、世界一高価なコーヒーになったのだろうか？

このコピ・ルアク、なんとジャコウネコの糞から取り出したものなのだ。

「コーヒー豆」というが実際には「豆」ではなく、果実の「種」である。コーヒーノキという植物の果実から、果肉を取り除いた種の部分がいわゆる「コーヒーの生豆」になる。コーヒー農園では果肉を除き生豆にするために、水洗したり空気乾燥させたりする。

しかしインドネシアのコーヒー農園では、野生のジャコウネコがコーヒーノキの果実を餌として食べてしまう。そして種だけが消化されずに、糞として排泄される。農園でこの糞を丹念に探し出し、きれいに洗浄して乾燥させ、焙煎したのがコピ・ルアクなのだ。

「ジャコウネコの腸内の消化酵素や腸内細菌で生豆が発酵し、独特の香味が加わる」といわれているが、私は正直いって美味しく感じなかったのは、先に書いた通り。

しかし皮肉なことに、一部の顧客から「ジャコウネコの糞から生まれたコーヒー」として希少性を高く評価され、世界で最も高値で取引されるコーヒーとなったのである。

マルティネスの偉業に対して、あのドクター中松も受賞したノーベル賞のパロディー「イグ・ノーベル栄養学賞」が授与されたという。

このような例は他にも数多くある。

現行硬貨コレクターの間では、昭和62年発行の50円玉は、なんと６０００円で取引されている。発行枚数が極少で数十万枚に１枚という超レアものだからだ。

多くの人たちにとって50円玉は、発行年度に関係なく50円の価値しかない。

しかしコレクターにとっては、１２０倍にもなる６０００円の価値があるということだ。


このように、その希少性に価値があるかどうかを決めるのは、あくまでも「買い手」であるお客さんの価値観だ。

お客さんが「希少だ。これは欲しい」と思えば、そのお客さんに売れる。そして希少で、なおかつ世の中の多くの人が求めていれば、渡辺直美のように大ブレイクする。

しかし数多くの人たちでなくても、ニコルソン演じる大富豪や、現行硬貨コレクターのような人たちがいれば、その人たちには高い値段で売れる。

このように商品を高く売るには、世の中に大勢いるお客さんの中で、その商品を本当に必要とするお客さんを見極めて、そのお客さんに「どうしても欲しい」と思う希少価値を提供することだ。そしてそのターゲット以外は、お客さんではない。
だから、高く売るためのルールは、極めてシンプルである。

正しいターゲットのお客さんに、正しい価格で売れ！

では、そのためにはどうすればよいのか。

お客さんに高い価値を提供する「バリュープロポジション」戦略

この「お客さんが必要として、ライバルが提供できない、自社だけの価値」のことを、マーケティングでは「バリュープロポジション」という。

左の図をご覧いただきたい。

①自社の商品が提供する価値だけでは、お客さんは必ずしも買ってくれない。
②お客さんが求めている価値と重なっていることが必要だ。
③しかし、これだけでもダメだ。競合がその価値を提供できない場合に、お客さんは初

バリュープロポジション

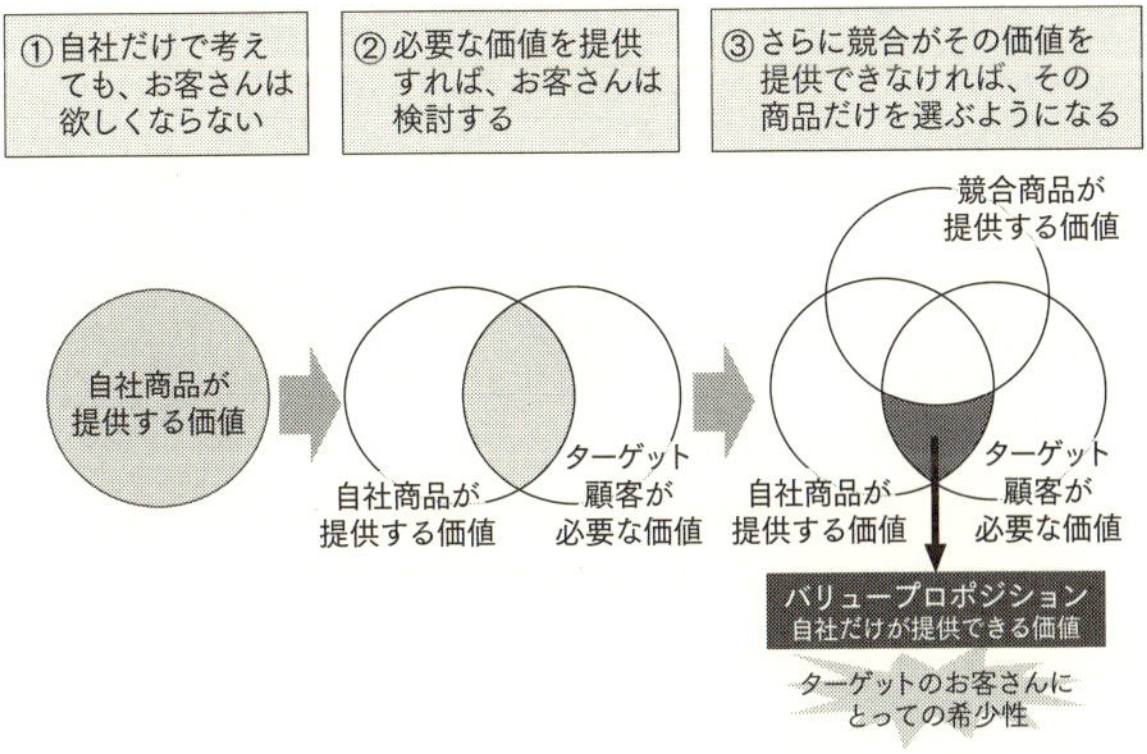

めて希少性を感じ、高いお金を払おうと考える。

高い価格で売れるようになるためには、図の濃い部分、「バリュープロポジション」を明確にすることだ。

そのためには、顧客視点でお客さんのニーズを徹底的に絞り込むことである。

最近、私はある商品でこのことを実体験した。我が家で買ったダイソンのヘアドライヤーは、定価4万5000円。ドライヤーとしてはかなり高価だ。

世の中のドライヤーは、様々な機能を「売り」にしている。しかし風量は大きくない。髪が乾く

ダイソンのドライヤー

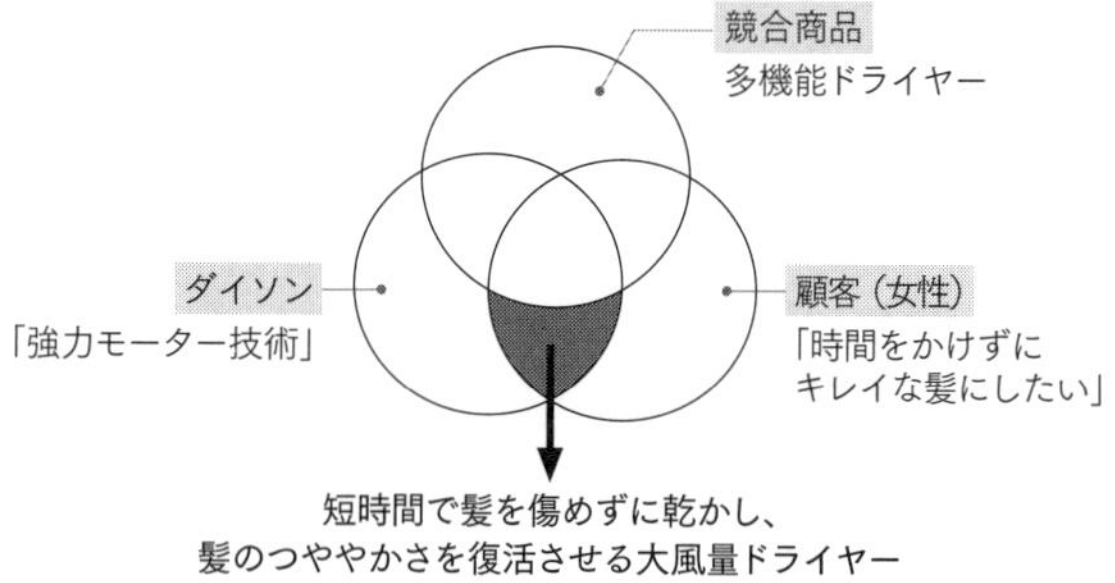

のに時間がかかるし、熱風は髪を傷めてしまう。

ダイソンのドライヤーの「売り」は大風量のみ。早く乾き、髪も傷めない。妻が使い始めて10日ほど経った時、気がつくと妻の髪はつややかになっていた。

これはダイソンが掃除機や扇風機などで培った強力モーター技術のおかげだ。ダイソンは自らの技術を活かし、「髪を大切にしたい」という女性のニーズを見極め、「大風量」というダイソンならではの価値を提供しているのである。

他社ドライヤーの場合、いろいろな機能を切り捨てられていない。裏を返せば、お客さんのニーズを絞り込めていない。「多機能なモノを安く大量に提供すれば、お客さんに喜んでもらえる」という過去の成功体験からなかなか抜け出せていないのである。

カレー専用スプーン「カレー賢人」

もう一つ、紹介しよう。

近所のデパートで、新潟県燕市で作る食器の展示販売会をやっていた。ここで一本1250円の「カレー賢人」というカレー専用スプーンを売っていた。

前から欲しいと思っていたので即購入。

いまや安いスプーンは100均ショップでも買えるのに、なぜこんなに高いのか。実際にこれでカレーを食べてみるとわかる。実に使いやすいのである。

このスプーンは左右非対称だ。先端は斜めに緩《ゆる》いカーブを描き、カレーの具材をサクッと切るためにカーブの部分は2ミリほどナイフ状になっている。さらにこの部分は、皿に残ったご飯粒やカレーのルーもすくい取りやすい。

カレー専用スプーン「カレー賢人」

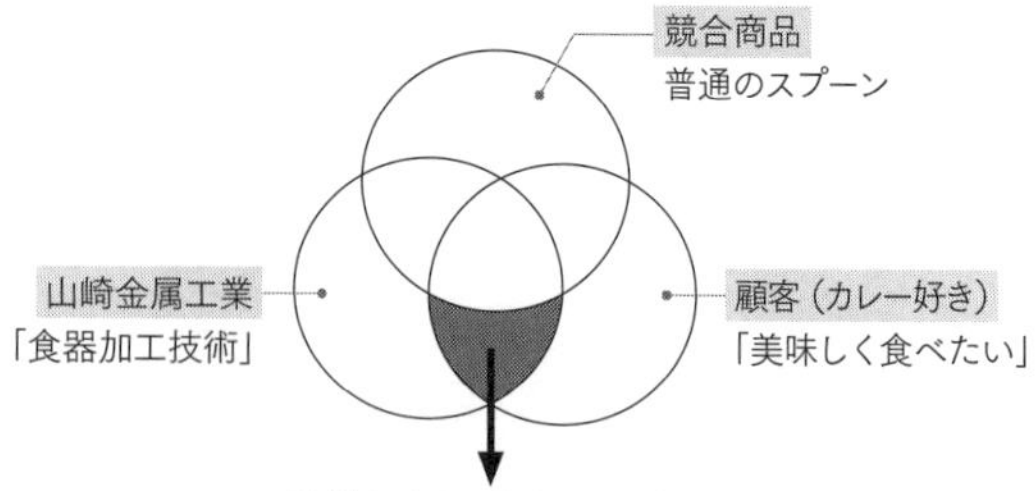

具材をサクッとカットでき、
米粒やルーもすくい取りやすいカレー専用スプーン「カレー賢人」

いつもよりカレーを美味しく感じたのは、決して気のせいではないだろう。

このスプーンを生み出したのは、新潟県燕市にある金属洋食器メーカー・山崎金属工業の若手開発担当者だ。開発担当者は「カレーの聖地」といわれる神田神保町に通い詰め、店でカレーを食べる様子を実際に観察したり、じかにカレー好きに話を聞いた。お客さんの中には、マイスプーンを持ち込む人もいたという。

そこで気がついたのはスプーンをナイフ代わりにして具材を切る人が多いことだった。この発見を元に開発したのが、このカレー専用スプーンだったのである。

燕市の食器メーカーは高い加工技術を持っている。だからカレー好きの要望に応えることができたのだ。このカレースプーンは２０１７年７月に発売されるや、高価格にもかかわらず、3カ月で1万本売れる大ヒット商品になったという。

このように「高く売る」答えは、現場にある。現場でお客さんのことをつぶさに観察し、徹底的に考え抜くことが、ターゲットのお客さんを絞り込み、高い価値を生み出すことに繋がるのである。

では、具体的にどのように進めていけばいいのか？

「ブルーオーシャン戦略」で超VIP客をつかんだレストラン

ある日、山本さんという若手経営者から手紙が届いた。私の本を読み、「価格を下げず、価値を上げる」という考え方を参考にして、自社に取り入れているという。

手紙を読み進めて驚いた。経営する居酒屋で「52歳経営者」をターゲット顧客にして、1本25万円の生ハムセラー（食品貯蔵庫）を始めたところ、行列待ちの大人気だという。

「これはぜひお話を聞かなければ」と思い、数日後、ご本人に会って詳細を伺った。

山本さんの挑戦には、価格競争の世界から抜け出し、ターゲットのお客さんを見極め、高い価値を創り出すためのヒントがたくさんあった。「ぜひ読者の皆様と共有したい」と思い山本さんに相談したところ快諾をいただいたので、ここで紹介したい。

山本さんの会社は、先代の父親が社長の時代に、日本で初めてスペイン産のイベリコ豚を輸入した。イベリコ豚はスペインでもごく一部でしか飼育されていない。その中でも天然ドングリや牧草、香草を食べて育ったイベリコ豚は「ベジョータ」と呼ばれる。

この会社はイベリコ豚血統100％の「レアル・ベジョータ」を輸入する日本で唯一の業者だ。イベリコ豚全体の中で2％しかいない最高級品で、味も栄養も比べものにならないという。

山本さんがレアル・ベジョータを輸入できるのは、父親が現地で築き上げた深い人間関係の賜物である。しかし父親は2011年に急逝。若い山本さんが後を継いだ。

イベリコ豚は生ハムで食べることが多い。そこでこの会社は、イベリコ豚が食べられる店「ＩＢＥＲＩＣＯ‐ＹＡ」を単価5000円の居酒屋としてスタートさせた。

しかし経営を引き継いだもののうまくいかず、売上はジリ貧に。そこで「最高級イベリコ豚の価値が本当にわかるお客様にターゲットを絞ろう」と考えたという。

「ターゲットを絞る」というと、いかにもよくある話に聞こえるかもしれない。

実際には山本さんは、売上がさらにガクンと下がる恐怖を感じていたそうだ。しかしそれまでいろいろとやっても、うまくいかなかった。「藁にもすがる思いでターゲットを絞らざるを得なかった」のが現実だったという。

ではターゲットをどのように絞るか。そのモデルは、当時応援してくれていたお客さんの中にいた。「52歳の経営者。優越感に浸りたい、人に自慢したい、モテたいと思っている人」だ。そこで「この人が喜んでくれることを、具体的にやろう」と考えた。

最初は試行錯誤の連続だった。まず接客の際にレアル・ベジョータの説明をする。メニューカバーを高級感あるものに作り替える。食器も入れ替える。さらにレアル・ベジョータのストーリーを描いたランチョンマットも用意した。

一方でそれまで行っていたクーポンを廃止したので、最初の1年は売上が低迷した。

しかし徐々に単価はアップ、1年が過ぎる頃には予約で満席の日が続くようになった。

山本さんはこのタイミングで店舗改装に踏み切った。

生ハムを丸々1本25万円でキープできる生ハムセラーや、隠れ家風の個室を作った。さらにキープした生ハムには、キープしている人の名前を書いた大きな木のプレートを付けて、知り合いと一緒にいる個室のテーブルまで持ってきて目の前でスライスする、というパフォーマンスも付けた。

これらが人気になり、さらにVIPルームも作った。銀行の金庫をイメージして、入口は店とはまったく別のところから入れるようにした。看板もなく、暗証番号で入室する。

私も実際に店に行ってみたが、外から見ても何の店かまったくわからなかったし、隠し扉があったりして、遊び心満載だ。

この1本25万円の生ハムセラーは宣伝していない。「その人だけが知っている」「人に言いたくなる」という希少さが大きな価値を持つと考えたからだ。

その後、盛況なので生ハムセラーを増設したが、1カ月で満杯になり、入りきれないほど入っているという。徐々に口コミで広がり、いまでは予約の順番待ちだ。

バリュープロポジションをまとめると、左図の通りだ。このようにIBERICO-YA

IBERICO-YA「生ハムセラー」

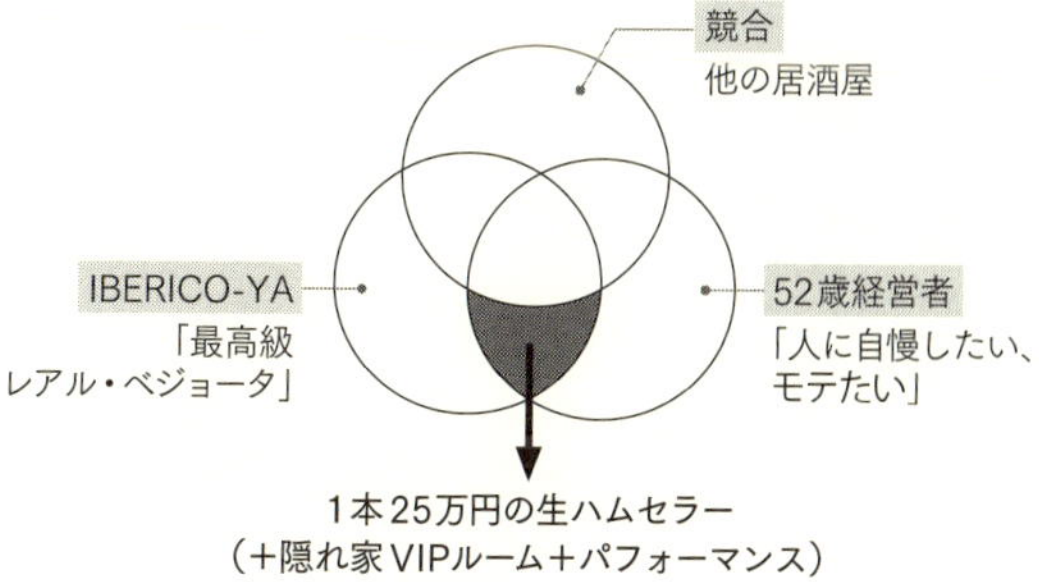

は、「生ハムセラー」という新市場を創り出し、人気になっている。

では、どのようにしてこれを実現したか？

新規市場を創り出す戦略**「ブルーオーシャン戦略」**に沿って、IBERICO-YAの挑戦を見てみよう。

ブルーオーシャン戦略では、競争が激しい市場をライバル同士が血で血を洗う状況にたとえて**「レッドオーシャン」**、競争がない未開拓市場を青い大海原にたとえて「ブルーオーシャン」と呼ぶ。

居酒屋市場は、まさに数多くのライバルがひしめくレッドオーシャンだった。IBERICO-YAは、このレッドオーシャンから抜け出し、「生ハムセラー」というブルーオーシャンを生み出したのである。

一般的な居酒屋の戦略キャンバス

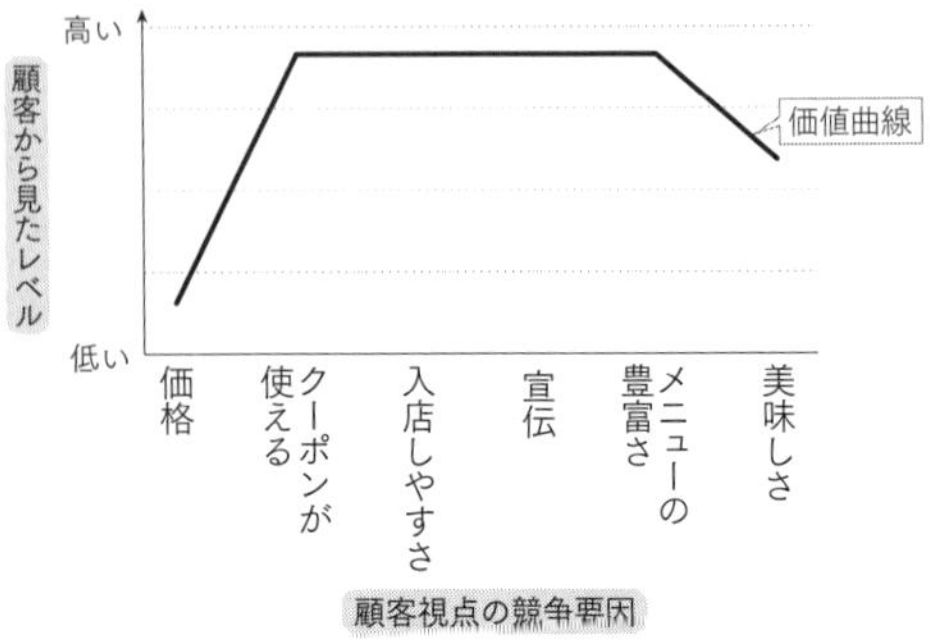

まず、一般的な居酒屋の状況から考えよう。

顧客から見て一般的な居酒屋を選ぶ基準は、「価格」「クーポンが使える」「入店しやすさ」「宣伝」「メニューの豊富さ」「美味しさ」などだろう。このようにお客さんから見て店を選ぶ基準のことを、ブルーオーシャン戦略では**「顧客視点の競争要因」**という。

そして顧客視点の競争要因を横軸に取り、それぞれ顧客から見たレベルを「高い」「低い」でスコアを付けると、一般的な居酒屋の戦略がわかる。この図を、ブルーオーシャン戦略では**「戦略キャンバス」**と呼ぶ。まっさらな帆布を「キャンバス」というが、まさにこれから戦略を描くためのまっさらな画板である。

そしてこの戦略キャンバス上に描かれる曲線を、顧

居酒屋で、非顧客層のどこを狙うか？

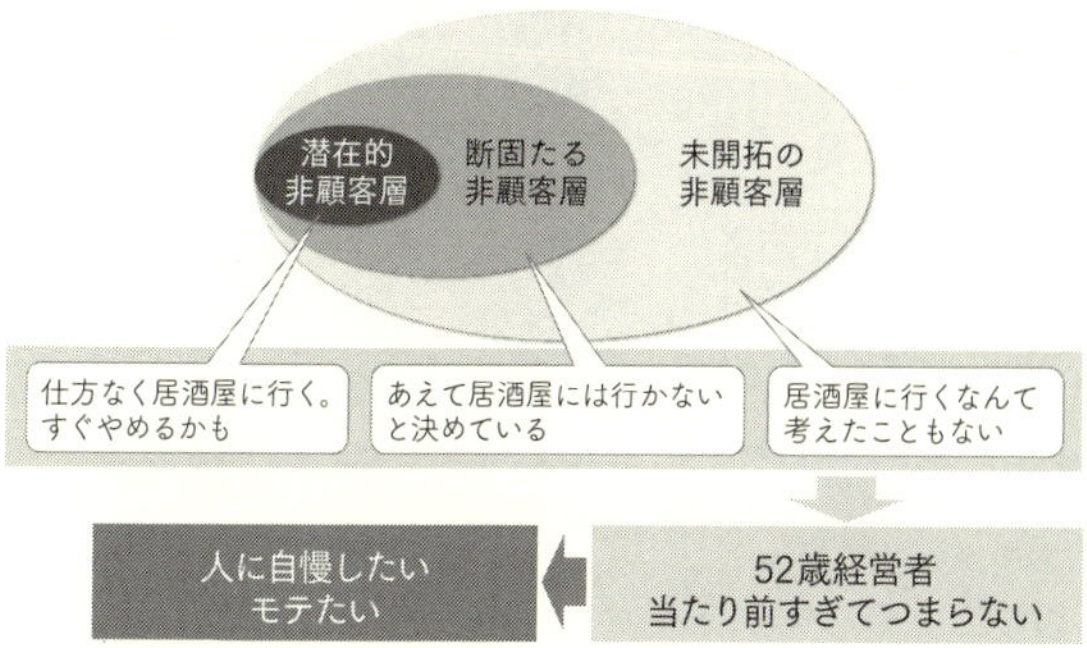

客に提供する価値を示すことから**「価値曲線」**という。価値曲線は、ちょうどキャンバス上に描かれる絵画のようなものだ。戦略キャンバス上に価値曲線を描くと、絵画のように戦略の全体像が一目瞭然だ。

次にターゲット顧客について考えてみよう。

山本さんはターゲット顧客を「52歳の経営者。優越感に浸りたい、人に自慢したい、モテたいと思っている人」と考えた。

この人たちにとって一般的な居酒屋はつまらない。「仕方なく居酒屋に行く」という人もいれば、「あえて居酒屋には行かない」「居酒屋に行くなんて考えたこともない」という人もいる。つまりこれらのお客さんは、非顧客層なのだ。

IBERICO-YA「生ハムセラー」4つのアクション

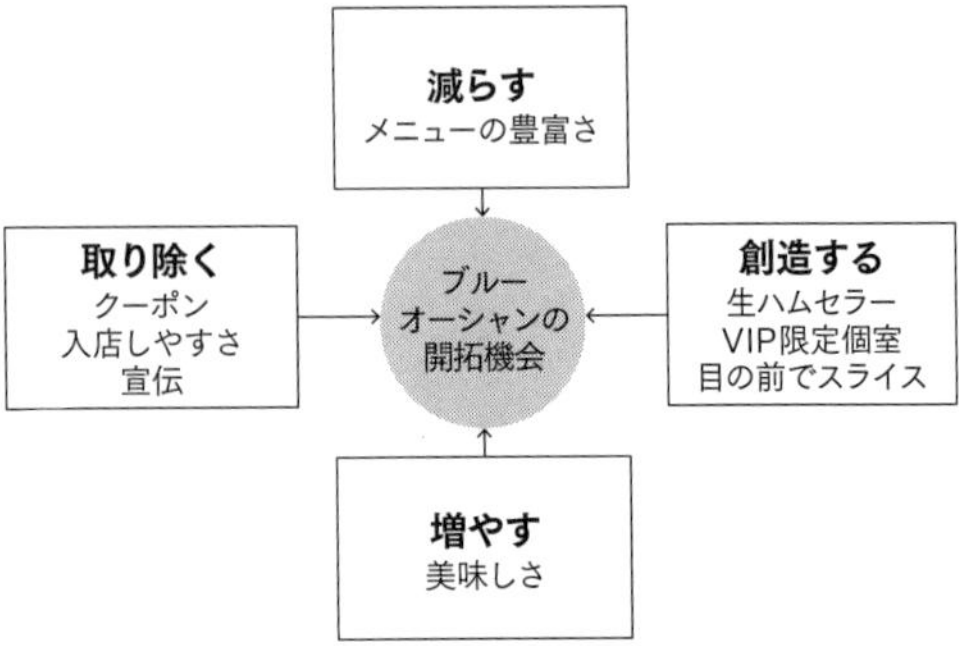

そこで、ブルーオーシャン戦略ではこれらの非顧客層が価値を感じて顧客になるように、「減らすもの」「取り除くもの」「増やすもの」「創造するもの」という**「4つのアクション」**を明確にしていく。

IBERICO‐YAは「人に自慢したい、モテたい」という人たちのニーズに応えるために、「生ハムセラー」「VIP限定個室」「目の前でスライス」という要素を創り出した。「美味しさ」もさらに追求した。そして「メニューの豊富さ」を減らすとともに、「クーポン」「入店しやすさ」「宣伝」といった要素を取り除いた。これらは「52歳経営者」にとっては不要だからだ。

4つのアクションを元にIBERICO‐YAの戦略を、戦略キャンバス上に価値曲線として描いたの

IBERICO-YA「生ハムセラー」の戦略キャンバス

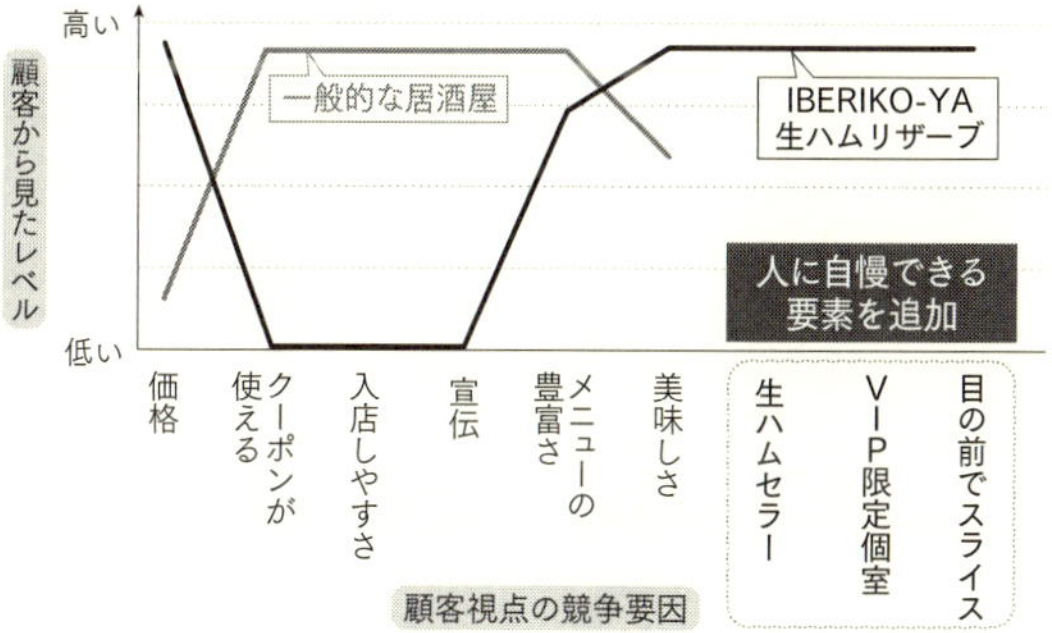

が、上の図だ。一般的な居酒屋との違いは、一目瞭然。

このように高く売るための出発点は、常識に囚われずに顧客を具体的かつ徹底的に絞り込み、顧客が「欲しい」と思う高い価値を創造することなのである。

このように、高い価値がある商品を高く売るには、正しい値付けが必要だ。

しかし価格の値付けの方法論を知らないばかりに、高すぎる価格を付けてまったく売れなかったり、逆に高い価値を提供しているのに安すぎる価格を付けて売れずに苦しむケースは少なくない。

そこで次章では、高い価値に見合った価格を設定する方法を紹介する。

お客さんが希少性を求めれば、
高く売れる。
正しいお客さんを見極め、
正しい価格で売れ！

本章のまとめ

・まずは、**バリュープロポジション**を考え抜け。話はそれからだ。

・そして**ブルーオーシャン**を目指そう。

・自分の業界の**戦略キャンバス**を作り、ライバルと自社の**価値曲線**を描き、自分の**4つのアクション**を明確にせよ。

第8章

価格を2倍にしたら、バカ売れしたアクセサリー

値ごろ感と価格設定方法

「高い＝高品質」というアンカリング

米国の観光地にある、土産店の話である。

この店では、ネイティブ・アメリカンのアクセサリーを売っていた。

水色のきれいなターコイズ（トルコ石）を使った、安くて高品質なアクセサリーだ。

ただ来店客は多いものの、まったく売れなかった。

陳列を変え、店員に勧めさせても、まったく効果なし。

万策尽きて頭にきた店主は、「損してもいい。全品処分だ」と考え、「全部価格を1／2にして！」という殴り書きを売り場主任に残したまま、買い付けに出張した。

数日後店に戻ると、商品はきれいさっぱり売り切れていた。

しかし売上金額を確認したらものすごく多い。主任はメモの殴り書きを「1／2」でなく「2」と読み違えて、倍の価格で売っていたのである。

なぜ値段を倍にした途端、急に売れ始めたのか？

来店する観光客は裕福な人が多いが、ターコイズについてよく知らない。

そこで「高い宝石は、高品質」「安い宝石は、低品質」という自分の常識に基づいて、買うかどうかを判断していた。この常識は、第1章でも紹介したアンカリング効果である。

店は「安いけど、高品質」にしたのに、観光客は「安くて、怪しいモノ」と考えて手を出さなかったということだ。そして価格を倍にした途端、来店客は「このターコイズは、高品質だ」と考えるようになって、一気に売り切れたのである。

「ターコイズは例外」と思うかもしれない。しかしこんな例もある。

高価格な薬ほど「よく効く」実証実験

行動経済学者のダン・アリエリーは「ベラドンＲｘ」という新しい痛み止め薬の効果検証実験を行った。実験には住民１００名が参加した。

参加者はまず「臨床試験の結果、患者の92％が10分で痛みが大きく軽減」「価格は１錠２５０円」というベラドンＲｘのパンフレットを見せられた。

そして簡単な問診と健康チェックを受けた後、「あなたの痛みの耐性を検査します」と告げられ、電気ショック発生装置から伸びた電極が腕に巻かれた。

検査が始まった。最初の頃はちょっと不快なだけだったが、徐々に電圧が上がり、最後は目玉が飛び出るほどの激痛になった。参加者は感じた痛みを、「まったく痛くない」から「耐えられないほど痛い」の間で記録するように求められた。

検査終了後、参加者はベラドンRxを飲まされ、15分後にまた同じ電気ショック検査を受けた。ほとんどの参加者は「痛みが軽減した」と答えた。

実験終了後、多くの参加者はベラドンRxに好印象を持ち、「早く近所のドラッグストアで買えないかな？」と思ったという。

実はこのベラドンRxは、プラセボ（偽薬）効果を確認するためにダン・アリエリーが近所の薬局で買った、ごく普通のビタミン錠だったのである。

この話には続きがある。

今度はパンフレットを、一カ所だけ「1錠2500円」でなく「1錠10円」に変更して、同じ実験をした。すると「痛みが軽減した」と答えた参加者は、250円の時はほぼ全員だったのに、10円の時は半分に減ったのである（なお、米国の実験なので価格はドル表示だが、本書ではわかりやすくするために1ドル＝100円換算で円表示している）。

つまり高価な薬は、安い薬よりも効果がある、ということである。

薬に関しては、価格は感じる価値を変化させる場合があるようだ。

価格には「品質表示機能」がある

ターコイズとベラドンナＲｘからわかるのは、価格は**「品質表示機能」**を持つということだ。

お客さんが商品の品質がよくわからない場合、価格が品質判断のバロメーターになる。

高い価格は**「安心保証価格」**でもあるのだ。

実際に価格を高くすることで、お客さんの購買意欲が刺激されることもある。

2014年、「牛めし」を290円で売る松屋が、「プレミアム牛めし」を380円で売り始めると、大きな話題になった。低価格を競う牛丼業界で、大胆に3割値上げしたことで、お客さんが「美味しいのだろう」と興味を持ったのである。

ネットでも「『プレミアム牛めし』と『牛めし』を食べ比べてみた」という報告が相次いだ。かくいう私も食べたが、確かに以前よりも美味しくなっていた（いまから考えるとプラセボ効果だったかもしれないが、私はそう感じた）。

人は高価格に興味を持つことを、米国で実験した学者がいる。実験参加者たちに商品の価格を5〜8割上乗せして見せたところ、「この商品をぜひ買いたい」という意見が急増したという。高価格にしたことで興味が湧き、購買意欲が刺激されたのである。

私たちは、自社商品の価格を必要以上に安くしがちだ。

しかし実際には、価格を高くすることで、売れることも多いのである。

高い価格で、「ヤバい客」は消える

しかし一方で、こう考える人も多い。

「価格を高くすると、お客さんが離れてしまう」

しかし、高くてもちゃんと高い価値を認めて買うお客さんがいれば心配はいらない。むしろ「離れるお客さんはお客さんではない。本当のお客さんだけが残った。よかった」と考えるべきだ。離れるお客さんの中には**「ヤバい客」**がいるからだ。

営業のスズキさんは、あるお客さんから高圧的にこういわれた。

「見積もりを出してくれ。10社に聞いているところだ。一番安いところに決めるからさ」

最後の数社に残り、何としても契約が欲しいスズキさんは、「何でもやります」と土下座して契約を獲得した。その後、お客さんは無理難題をいってくるようになった。

「これ、タダでやって」は日常茶飯事。小さなミスを指摘し、さらに値引きを要求してくる。そのたびにスズキさんは社内を駆け回って調整。ストレスで体調を崩してしまった。

ヤバい客は、無理難題をいい、値引きを要求し、さらに支払いを先延ばしする。お金は

安すぎると、「ヤバい客」を呼び込む

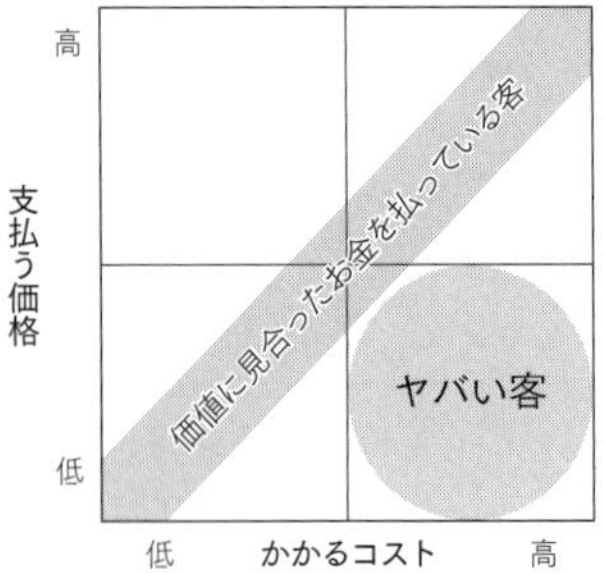

「最適的な価格を実現する8つのステップ」（ロバート J.ドラン、『ハーバードビジネスレビュー』2014年7月号）を参考に著者作成

払わずコストと手間ばかりかかる。こんなお客さん、あなたも思い当たるかもしれない。

無理難題をいってもそれに見合うお金を払うのであれば、いいお客さんだ。しかしこれは、上の図の四象限で右上のお客さんだ。コストに見合う高い価格にしないから、「ヤバい客」が寄ってくるのである。

値下げを要求してくるお客さんは、こちらから丁重に礼を尽くした上で断るべきなのだ。

こういうと、「お客様は神様だ。断るなんて言語道断」と考える人が少なくないが、だから際限のない低価格競争に巻き込まれ、疲弊してしまうのである。しかもその割に、感謝されることは少ない。

お客さんは大切にすべきだが、決して神様ではない。

変な平等意識は捨てて、誰をお客さんにするのかを自分たちが主体的に決めるべきだ。

ここで大きなカギを握るのが価格なのである。価格に応じて、お客さんの質は変わる。高い価格にすれば、ヤバい客はほぼいなくなる。

ちなみに現在、スズキさんの会社はそのお客さんを「お断りリスト」に入れている。

すべての商品には「値ごろ感」がある

「そうか！　とにかく高くすればいいのか！」

そう考えるかもしれないが、逆に高すぎるとサッパリ売れなくなる。

ある中堅メーカーの商品開発担当者が、「高付加価値を徹底追求した自信作です」といって、家庭用調理マシンを見せてくれた。プロのシェフをも唸《うな》らせる機能満載だ。しかし値段を見て、驚いた。

「ン十万円！」。相場の10倍である。それとなく質問してみた。

「これ、いいですね。ところで売れています？」

「実はまだ数件程度です。社長からは『何とかしろ』っていわれているんですよ」

担当者は困った顔をしていた。

あまりに高すぎると、お客さんは「自分に関係ない」と興味を失ってしまうのである。先の米国の実験でも、5～8割上乗せすると多くの人が興味を持ったが、1・9～2・5倍の高い価格をつけると、ほとんどの人が興味を失ったという。

マーケティングの第一人者フィリップ・コトラーも、著書でドラッカーの言葉を引用し、このように戒めている。

「プレミアム価格をありがたがる企業は、競合他社のために市場を創造しているようなものだ」

このン十万円のメーカーも、ライバルに高性能な家庭用調理マシンのヒントを提供しているだけなのかもしれない。

安すぎると、怪しまれて売れない。
高くしないと「ヤバい客」などの問題が起こる。
しかし、高すぎても売れない。

必要なのは、**「値ごろ感」**だ。
お客さんは「この商品は、このくらいの価格」という感覚を持っている。
これが「値ごろ感」だ。マーケティングでは**「内的参照価格」**という。
すべての商品には、この「値ごろ感」というものがある。

「いいけど、高い」という商品は、お客さんは買わない。
「高いけど、さすがだ」という商品は、お客さんは買ってくれる。
両者は似ているようで、まったく違う。この差を分けるのが「値ごろ感」である。

ソニー創業者の盛田昭夫さんの口癖も「大事なのは、値ごろ感」。

「値ごろ感」の大切さを熟知していた。

たとえば、ソニーが1979年に発売したウォークマンは定価3万3000円だった。当初の原価見積もりは4万8000円。3万3000円だと売れば赤字である。

なぜソニーは、ウォークマンを原価割れで売り始めたのか？

当時、ウォークマンのように外に持ち歩いて音楽を聴ける商品はなかった。見本も参考にするものも、ない。

ウォークマンを開発していた頃、ソニーの工場で原型を組み立てていた若者やパートは、「これ、いいね」「いくらで売り出すんだろう？」と話していたという。そこで開発責任者が彼らに「いくらだったら買うか？」と聞いたところ、「3万円なら、すぐ買いたい」という人が一番多かった。

話を聞いた盛田さんは「3万円なら売れる」と確信、「3万3000円にする」と決めた。当時、秋葉原ではソニー商品は1割引きで売られていたので、実売価格は3万円弱になる。

この頃、日本の家電メーカーの多くは、「かかった費用に利益を乗せて、この値段」と考えていたが、盛田さんは、まず「お客さんが買いたくなる価格」を考え、価格を決めたのである。


こうして発売されたウォークマンは、まさに「高いけど、さすがだ」という商品になり、売れに売れた。累計販売台数は10年間で5000万台、20年間で1億8900万台だ。生産台数が増えて、原価も下がり、莫大な利益も生み出した。

この頃のソニーは、「高いけど、さすがだ」という商品を立て続けに出していた。

そして、スティーブ・ジョブズも一目置くほどのブランド価値を創り出したのである。


小学生から大学受験生向けに、カリスマ講師の授業動画を配信する「スタディサプリ」も、この「値ごろ感」を考え抜いたサービスだ。

創業者が「スタディサプリ」(当時の名前は「受験サプリ」)を始める際にアンケートを取

ると、「月額５０００円ならやってみてもいい」という声が多かった。塾通いや家庭教師を雇うことを考えると、一見妥当な料金だ。そこで月額５０００円でサービスを開始したが、まったく反応がなかったという。実際の「値ごろ感」は月額５０００円ではなかったのだ。

よく考えてみると、世の中には月額５０００円のネット配信コンテンツはない。アンケートだけでは、本当の値ごろ感は摑めなかったのである。

目に留まったのが、映画やドラマが見放題で、当時月額９８０円の「Ｈｕｌｕ」。「動画のネット配信の値ごろ感は、９８０円」と考え直し、１／５の９８０円に値下げして、同時に広告宣伝を開始すると、会員数は急激に伸びた。

まとめると、値ごろ感には４つの段階があるということだ。

①「安すぎて怪しい」

ターコイズのアクセサリーが売れなかったのは、品質に見合った価格でないため、お客

「値ごろ感」の4段階

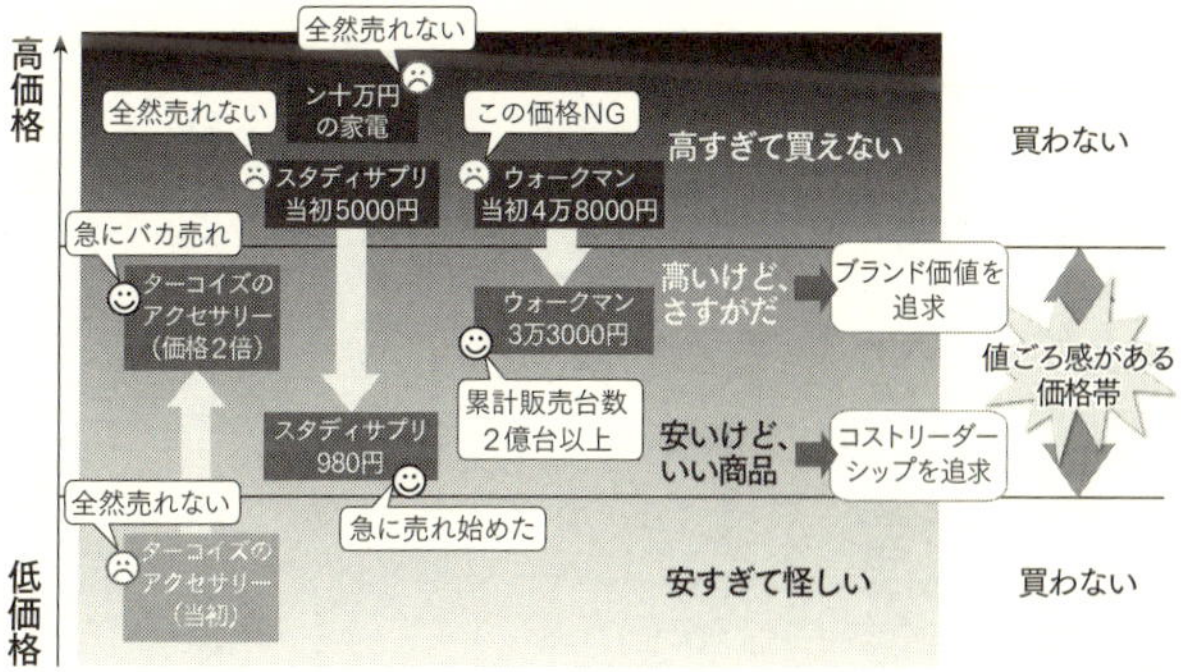

さんが不安を感じたからだ。

②「安いけど、いい商品」

スタディサプリは値下げすることで、たくさんの人が使い始めた。

③「高いけど、さすがだ」

3万3000円で売り始めた初代ウォークマンはプレミアム商品となり、みんな欲しがるようになった。現代のアップルもこのパターンだ。

④「高すぎて買えない」

ン十万円の家庭用調理マシンや、月額5000円だった初期のスタディサプリは、商品がよくても高すぎてなかなか売れない。

「値ごろ感がある価格帯」は「②安いけど、いい商品」と「③高いけど、さすがだ」の間にある。

「②安いけど、いい商品」では、多く売って規模の経済でコストリーダーシップを目指す。

「③高いけど、さすがだ」では、高いブランド価値を創り出すことを目指す。

実践！ 値づけの方法

では、価格はどのように決めればいいのか？ 順番に紹介していこう。

■ライバルにあわせる「競争基準型価格設定」

ライバルの価格決定をチェックし、それにあわせて価格を決める方法だ。

しかし、これは価格決定の主導権を手放している。

ライバルに負けずに安くしようとして、赤字に陥るリスクも高い。かつて価格競争で苦しんだ牛丼業界は、まさにそのような状況に陥ってしまった。

■コスト積み上げで考える「コスト基準型価格設定」

「コストに利益を乗せて、この価格」と考え、価格を決める。売上よりも「コストがどれだけかかるか？」の方が確実に予想できる。価格を決めやすいので、この方法は広く使われてきた。

たとえば電力会社は、輸入した石油などにコストと利益を乗せて、電気料金を決めている。

これまで日本企業は、よい商品を作りコストを削減し、そこに少し利益を乗せて、大量に売るというのが作れば売れた時代だった１９９０年代までの成功パターンだった。この考え方が染みついているので、コスト基準型価格設定は多くの企業で、いまでも当たり前に使われている。

しかしこの方法は、お客さんの「値ごろ感」をまったく考えていない。

商品があまりにも増えた現代では、「安すぎて怪しい」とか、「高すぎて買えない」というように、値ごろ感を外した価格帯になってしまい、売れないことも少なくない。
お客さんは、コストがどれだけかかったかにはまったく興味がないのである。

■お客さんの値ごろ感で決める「価値基準型価格設定」

これは「お客さんの値ごろ感」が出発点だ。「お客さんはこの価格で欲しいはず。だからこんな商品やサービスを提供しよう」と考える。

盛田さんがいた頃のソニーは、日本でも数少ない価値基準型価格設定を実践する企業だった。ウォークマンも「定価は3万3000円にしよう。そのためには3万台以上売れば利益が出る」と考えた。

現代は消費者の目線が厳しい。だからこの方法で価格設定することが必要なのである。

価値基準型価格設定で考えた価格では、どうしても商品やサービスが提供できないこともある。しかしそんな商品やサービスは、そもそも売れない。

モノが売れないのは、商品に魅力がないか、価格が間違っているかのいずれかだ。

競争基準型価格設定

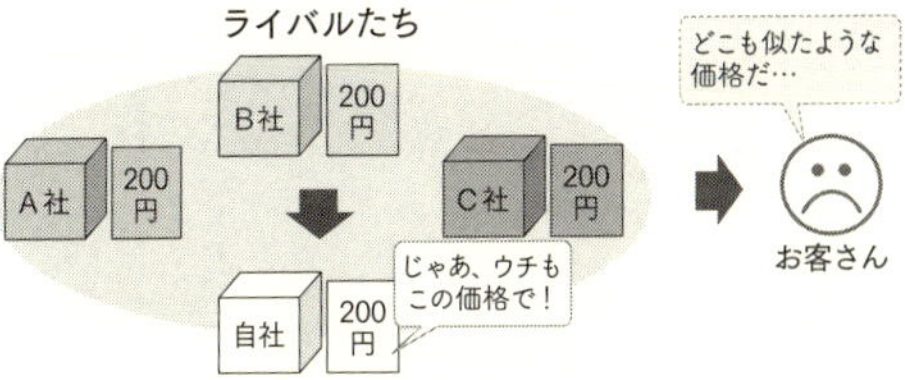

コスト基準型価格設定

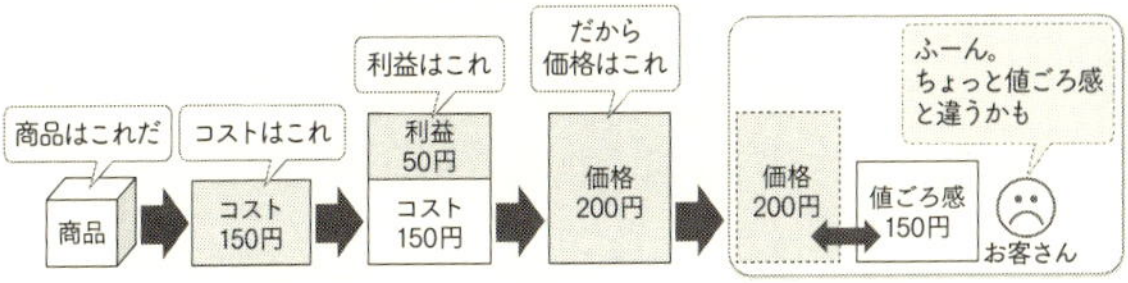

価値基準型価格設定

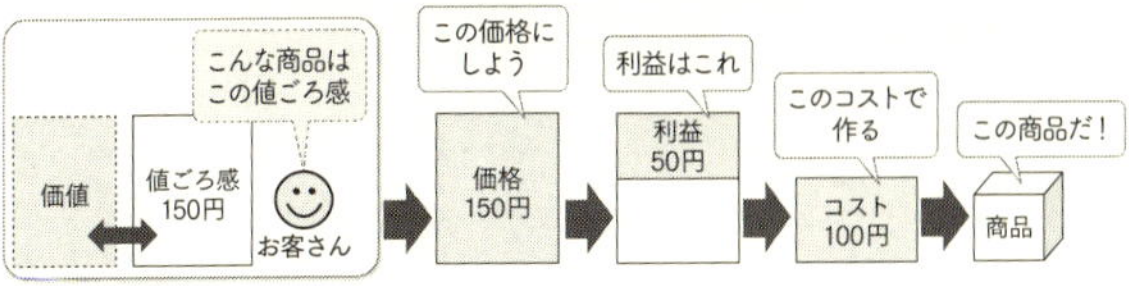

いい商品でも、「値ごろ感がある価格」にできなければ売れないのである。

このようにまず「値ごろ感がある価格」を決め、「価値基準型価格設定」でいかに商品やサービスを作るかを考えることが必要だ。

では「値ごろ感がある価格」はどのように決めればいいのだろう？

値ごろ感がある価格を聞き出す方法

ソニーがウォークマンを3万3000円にした決め手は、工場の若者やパートの意見を聞いたことだった。実際に商品を買うお客さんから値ごろ感を聞き出すのが確実だ。

しかし、現実にはなかなか難しい。お客さんに直接聞くと、どうなるか？

改まって「この商品、いくらがいいですか？」と聞かれると、普段は価格を気にせず買っていても、急に価格が気になり、いつもより安い価格を答えるかもしれない。

あるいは質問する人がきれいな女性やイケメンだと、無意識に高めの値段を答えてしまう人もいるかもしれない。

お客さんから価格の本音を引き出すのは、なかなか難しいのである。

いくつか方法がある。

たとえば、かつて自分がお客さんの立場にいた商品を売る場合、肌感覚で値ごろ感はわかっている。この感覚を元に価格を決めてもいい。

あるいは、利害関係がなく、第三者的な意見を聞くことができるお客さんや専門家の立場の人がいれば、その人たちに聞いてみるのも有効だ。この場合は意見に偏りが出ないように、10人程度に聞ければベストだ。

さらにお客さんから「値ごろ感」を聞き出すための方法も考え出されている。その代表が、オランダの経済学者ウェステンドルフが1976年に開発したといわれているPSM（プライス・センシティビティ・メーター）分析だ。

ターゲットの消費者を数十人から数百人選び、次の4つの質問をする。

質問①「安すぎて、品質が不安だ」と感じ始める価格は、いくらですか？
質問②「安いけど、品質に不安はない」と感じる価格は、いくらですか？
質問③「高いけど、買う価値がある」と感じ始める価格は、いくらですか？
質問④「品質がよくても、高すぎて買えない」と感じる価格は、いくらですか？

この4つの回答について、価格別に答えた人の人数を数えて、回答者全員の比率を縦軸

PSM分析で「値ごろ感」を掴む

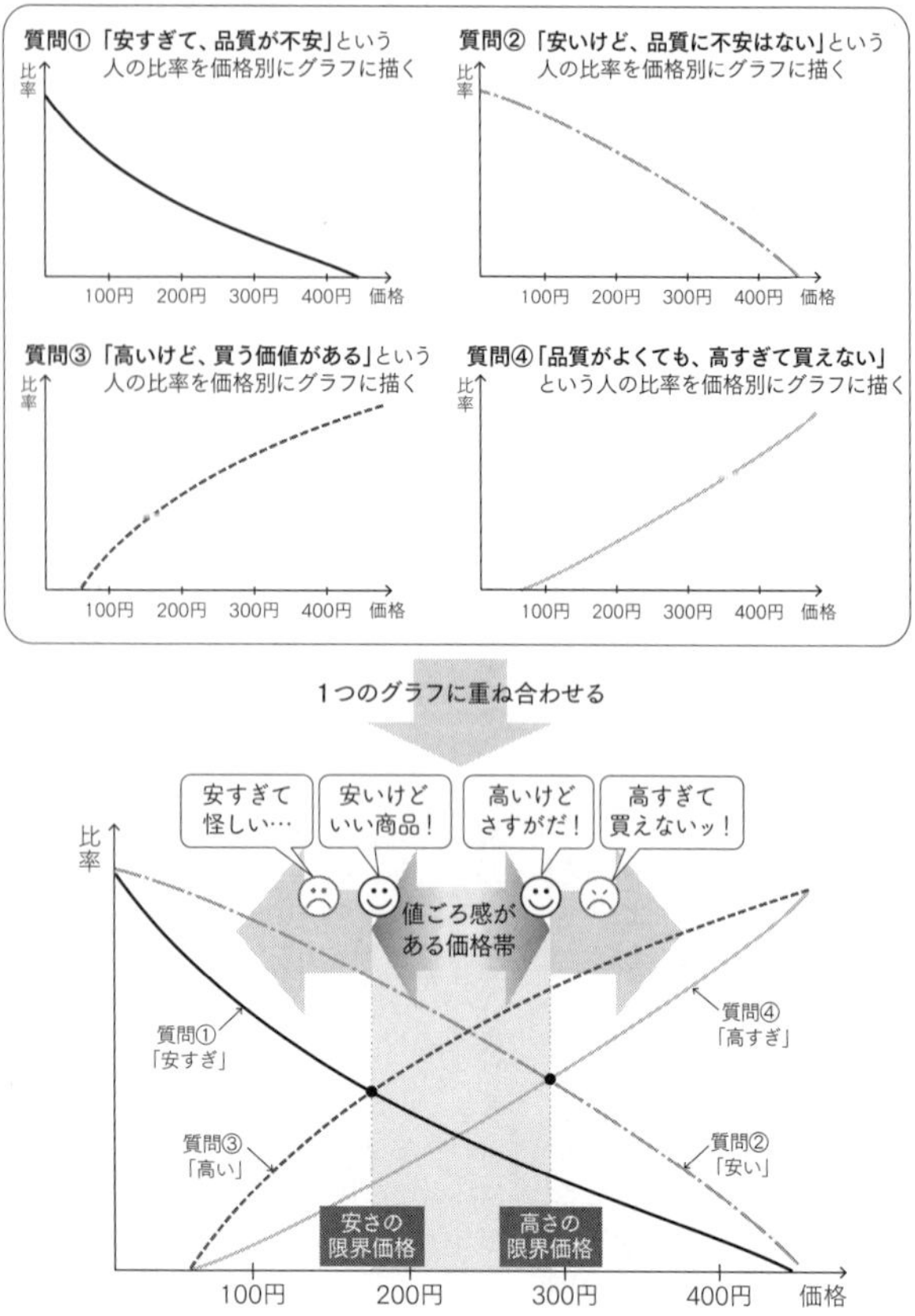

に取って、4つのグラフを作る。この4つのグラフを、一つのグラフに重ね合わせる。このようにすれば、このグラフの上で値ごろ感がわかる。

安さの限界価格は「質問①安すぎ」と「質問③高い」の交点、**高さの限界価格**は「質問②安い」と「質問④高すぎ」の交点になる。この間が**「値ごろ感がある価格帯」**だ。

他に**コンジョイント分析**という方法もある。

私たちが商品を買う場合、価格だけではなく様々な「買う決め手」がある。

そこでコンジョイント分析では、お客さんの「買う決め手」を何種類か考え、それらを組み合わせた商品をイメージで作り、お客さんに見せて、買いたい順番を決めてもらう。

たとえば家族で賃貸マンションを借りる時、「決め手」をこのように考える。

・広さ　（たとえば、2LDK、3LDK、4LDK）
・駅からの徒歩時間　（5分、10分）
・築年数　（5年、10年、20年）

・家賃　（10万円、12万円、15万円）

この「借りる決め手」を組み合わせ、質問用にこんな物件をイメージで作る。

・2LDK、駅から徒歩5分、築5年、10万円

・3LDK、駅から徒歩10分、築10年、12万円

・4LDK、駅から徒歩10分、築20年、15万円

そして回答者に、この3つを借りたい順に並べてもらう（ここでは簡略化しているが、実際には8から27種類の組み合わせを用意する）。

これを、たとえば100名の回答者に行い、結果を専用統計ソフトで分析する。

そうすると、お客さんがそれぞれの「借りる決め手」（広さ、徒歩時間、築年数、家賃）で、どれを重要と考えるのか数字で把握できる。

家賃はお客さんが借りたい理由の一要素に過ぎない。そこでコンジョイント分析では、様々な要素の最適な組み合わせを探っていくのだ。

「アンケートも専用統計ソフトの分析もしたくない」という人には、身近な方法がある。たとえば、あなたがフリーランスであれば、仕事を受ける時に、期限・できること・報酬（価格）など、様々な条件を相手に提示するはずだ。そこで一覧にまとめ、その理由をチェックしてみて欲しい。もし「報酬が高すぎたから」という理由が一つもなかったとしたら、おそらくあなたが提示した報酬が安すぎるのだ。

仮に報酬を2倍にして受注案件が半分になっても、収入は同じだ。むしろ時間をかけて質の高い仕事をできるようになり、あなたの評判を高める可能性もある。

さて本章では、価格をどのように決めるかを見てきた。

正しい価格にすることで、正しいターゲットのお客さんに買っていただけるようになる。そして何よりも大切なことは、お客さんにご満足いただき、使い続けていただくこと。このことと価格戦略もまた、深く関係しているのである。

次章では、このことについて紹介したい。

売れない理由は2つだけだ。
・商品の魅力が、ない
・値ごろ感が、ない

「値ごろ感」こそ価格設定のキモ。

本章のまとめ

・価格には、**品質表示機能が**ある。

・高い価格にすれば、「ヤバい客」は、消える。

・「値ごろ感」の4段階を、常に意識しよう。

・**「値ごろ感がある価格」**を考えた上で、**価値基準型価格設定**で商品を考えよう。

第9章

1ドル値下げのライバルに、1ドル値上げで勝ったスミノフ

顧客ロイヤルティとブランド

松崎しげるのこんがり色から考える「ブランド戦略」

「まつざきしげるいろ」をご存じだろうか？

あの見事に日焼けした人気タレント・松崎しげるの肌色にあわせた、絵の具の色である。

実際にサクラクレパスに「まつざきしげるいろ」がある。

ちなみに黄色25%、朱色45%、緑14%、白16%の混合だ。


私は広島県のイベントで、ご本人を取材席から拝見したことがある。

本当にコーヒー豆のようにこんがり色である。性格もラテン系。濃い。濃すぎる。

最後、ステージで広島県知事の横に立った松崎しげるは、「愛のメモリー」の替え歌を歌った。

「……この世に大切なのは、愛し合うことだけと、広島は教えて、くれるぅ。

あ〜ぁ、あああ〜ぁ、あ〜ぁ、あ〜ぁ〜」

しっかりと歌詞に「広島」も入れて、こめかみの血管が破れんばかりに青春時代の歌を熱唱する本人を目の当たりにした広島県知事は、感激のあまり涙目である。

イベント終了後。撮影で一緒に参加したカメラマンが考え込んでいた。

「ヤバイです。真っ黒すぎて、露出があっていませんでした」

「会見終わっちゃいましたから、撮り直せませんよね」

「……フォトショ加工で何とかします」

あれだけ肌を焼いてダメージがないのか気になるところだが、ご本人は「歩くメラニン色素」を自称、ファンの期待を裏切らないように日焼けサロン通いを欠かさず、自宅と事務所には「マイアミ」と名付けた日焼けマシンも置いているという。

松崎しげるの行動は、常に顧客第一主義。自分自身を商品として考え、行動は見事に首尾一貫している。だから「松崎しげるブランド」も盤石。まったく揺らぐことがない。いまでも、様々なイベントに引っ張りだこだ。

高いブランドを保ち、お客さんに愛され続けるためには、ファンの期待を裏切らず、首尾一貫していることが大切であるということを、松崎しげるは教えてくれる。

最終章となる本章では、価格、ブランドと顧客ロイヤルティについて考えていく。

ライバルの値下げ攻勢に、値上げで対抗したスミノフ

１９６０年代の米国。ウォッカ「スミノフ」を販売するヒューブライン社は絶好調だった。米国国内シェアは20年間トップを独走。

そんなある日、ライバルのシーグラム社がこんな発表をした。

「新商品ウォルフシュミットはスミノフと同等品質。しかも１ドル安い！」

すぐにスミノフの関係者が集まり対策を協議した。

「当社もスミノフを１ドル値下げして対抗しましょう」

「それだと売上も利益も下がるだけです。価格据え置きで、広告と販促で攻勢です」

「それってお金がかかりますよね。ここは放置、ってことでどうですか？」

「放置？　敵にシェアを奪われるだけですよ」

値下げ攻勢を受けたスミノフによるライバルへの包囲網戦略

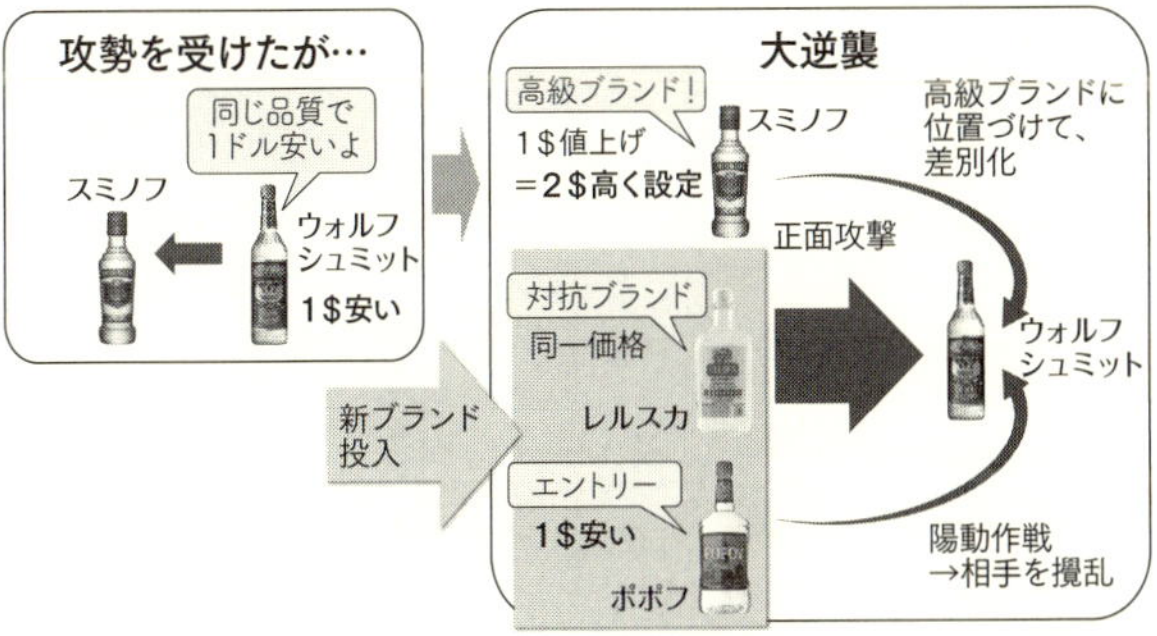

出てきた案は、どれも一長一短だ。悩み抜いた末、スミノフが実行した対抗策は3つだった。

【その1】 既に高級ブランドイメージを確立していたスミノフの価格を、さらに1ドル値上げする

【その2】 ウォルフシュミットの対抗ブランドとして、同じ価格で新商品「レルスカ」を投入する

【その3】 さらにライバルを撹乱させ牽制するために、ウォルフシュミットよりも1ドル安い「ポポフ」を投入する

結果、価格勝負を仕掛けたウォルフシュミットは、思わぬ反撃を受けて大混乱に陥り、何も対抗策を取れなかった。スミノフはこれに乗じて、1980年代を

通じて米国のシェア1位を維持。さらにポポフもシェア2位を獲得した。

値上げによりスミノフは、既に確立していた高級ブランドイメージがさらに向上し、売上・利益も拡大し、さらに新商品ラインアップも増えたのである。

では、なぜスミノフは値上げをしたのか？

「ひいき客」は価格を気にしない

高いブランドを持つスミノフには、数多くのお客さんがいる。

一口に「お客さん」といっても、多種多様である。このお客さんを分類する上で役立つのが、**「顧客ロイヤルティ」**という考え方だ。

第4章で軽く紹介したが、おさらいしよう。

「ロイヤルティ」は「絆」という意味なので、顧客ロイヤルティとは「お客さんとの絆」ということになる。「顧客ロイヤルティ」で分類すると、お客さんは「潜在客→見込み客→新規顧客→リピーター→贔屓客→ブランド信者」へと進化していく。

「リピーター」「贔屓客」は、何度も商品やサービスを買ったり使ったりしてくれる。「ブ

顧客ロイヤルティと顧客生涯価値で考えれば、
お客さんがもっと見えてくる

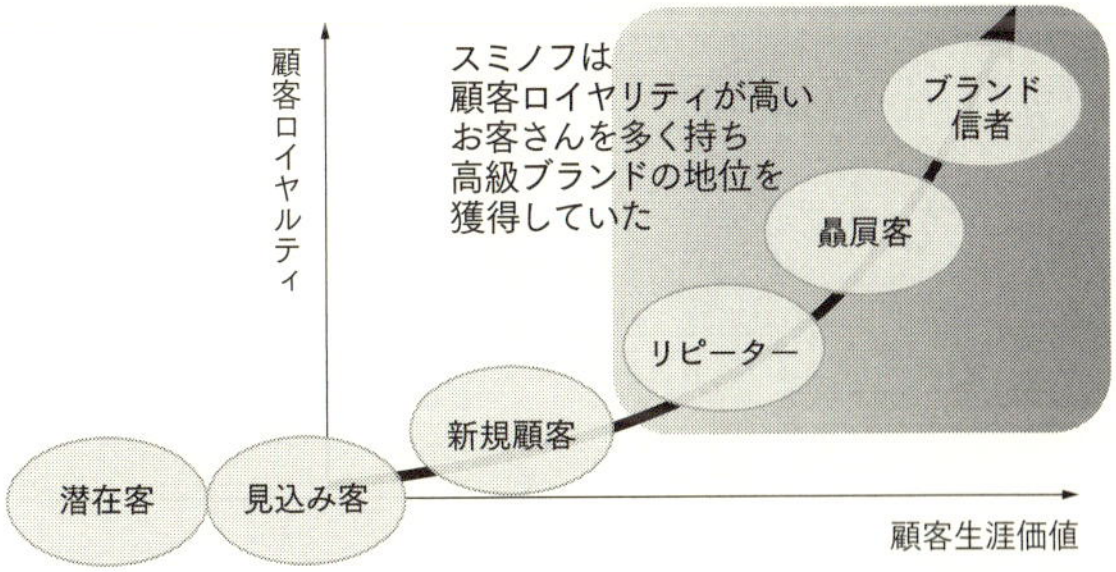

ランド信者」になると、まるでセールスマンのように熱心に知り合いに商品を勧めてくれるようになる。つまり顧客ロイヤルティが高いお客さんは企業にもたらす収益の総額も大きい。

この顧客が企業にもたらす価値の総量を**「顧客生涯価値」**という。顧客ロイヤルティが高い顧客は、「顧客生涯価値」も高い。

スミノフにはこの**顧客ロイヤルティ**が高いお客さんが多く、高級ブランドの地位を獲得していたのである。

顧客ロイヤルティが低い客、特に見込み客などは価格を気にすることが多い。値上げすると買わなくなる。

しかし高い顧客ロイヤルティを持つお客さんは、価格だけでは選ばない。価値を納得した上で高い価格に

顧客ロイヤルティが高まると、価格を気にしなくなる

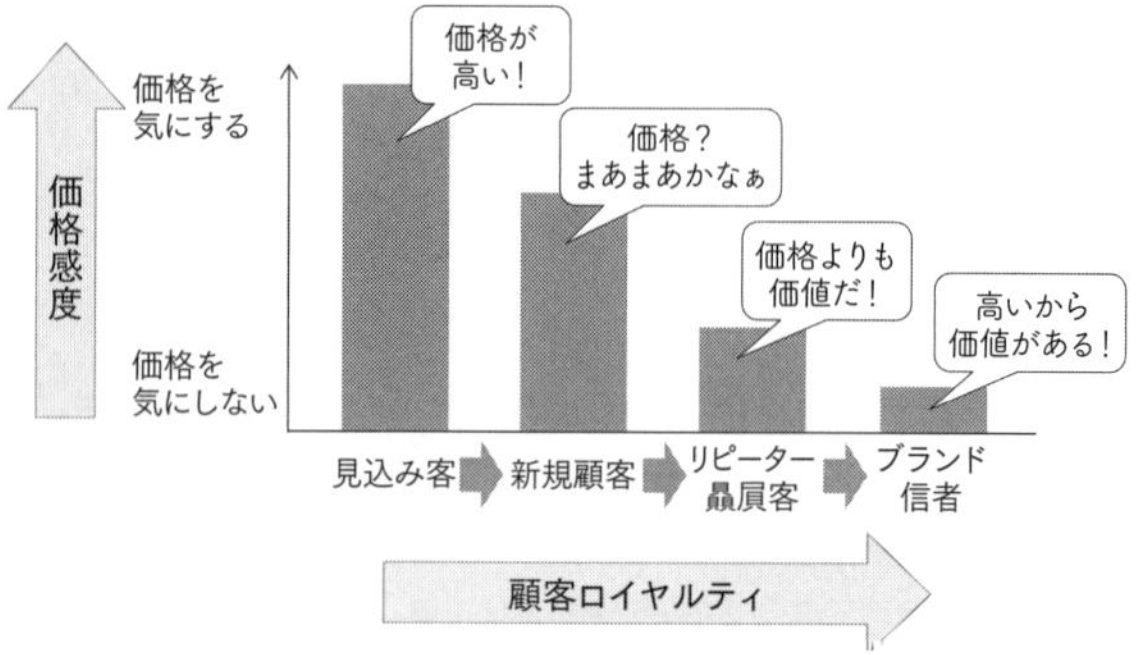

お金を払っている。値上げしても納得できれば、引き続き買ってくれることも多い。

だからライバルが値下げで攻勢してきても、決して安易に価格を下げてはいけない。

たとえ高価格でも、いつも同じ価格だからお客さんは安心して買うのである。安易な値下げは、高い価格に納得してお金を払う顧客ロイヤルティが高いお客さんを裏切り、自らブランド価値を下げるだけだ。

スミノフはこのことをわかっていた。

だからライバルの値下げ攻勢の誘いには乗らず、むしろチャンスと捉え、スミノフを値上げして、ブランド価値を向上させ、さらに新商品「ポポフ」まで成功させたのである。

しかしこう考える人もいるかもしれない。

「リピーターや贔屓客は、既にお客さんになっている人たちでしょう。値下げすれば、新しいお客さんも増えるんじゃないの？」

これは危険な考え方だ。目先の新しいお客さんからの売上獲得を狙って値下げすると、いまの大切なお客さんが離れるからだ。

値下げで客が入れ替わってしまったホテル

「あれ、このホテル。だいぶ変わったなぁ」

ここはかつては皇族もご宿泊になったという由緒あるホテル。

決して安くないが、風情があって、落ち着きもあり、サービスも行き届いているので、私たち家族は特別な日に泊まっていた。お客さんもゆったりと過ごす大人が多かった。

ある日、宿泊予約サイトを見ると、このホテルが格安で泊まれるという。

ホテルに行くと雰囲気が一変していた。若者中心で、東南アジアからのお客さんも多く、ホテル内が混雑している。従業員も頑張ってサービスしているが、かつてのように細かいサービスまで手が回らないようだ。

以前は多数派だった「大人のお客さん」も、肩身が狭そうだ。

その後も数回行ってみたが、特別な日に泊まるホテルではなくなってしまった。

このホテルは大幅値下げをした結果、若者や東南アジアからの観光客で賑わうようになったが、１００年かけて築いてきた「特別な日にゆったり過ごしたい旅館」という価値がすっかり崩れ、お客さんが離れてしまった。こうして離れたお客さんは戻らない。そして客単価は下がってしまった。

このように目先の売上拡大のために値下げした結果、安さ目当てのお客さんが集まり、いままで贔屓にしてくれていた大切なお客さんが離れてしまう残念な値引きは多い。

では、顧客ロイヤルティが高いお客さんを獲得し、リピーター・贔屓客にしていくためには、どうすればいいのだろうか。

チョコメーカーの「義理チョコをやめよう」キャンペーン

2月のある日、私は新聞の一面広告に度肝を抜かれた。

「日本は、義理チョコをやめよう。」

なんとチョコメーカー・ゴディバ社長の署名入り広告である。

広告には、こんなメッセージが続いている。

バレンタインデーは嫌いだ、という女性がいます。
その日が休日だと、内心ホッとするという女性がいます。
なぜなら、義理チョコを誰にあげるかを考えたり、
準備をしたりするのがあまりにもタイヘンだから、というのです。
（後略）

バレンタインデーを、好きになってください。

GODIVA

「なんでチョコ会社が義理チョコをやめようと呼びかけるのか?」と思ったが、よくよく考えてみると、これは実に周到に考え抜かれているのである。

ゴディバは1箱1万円以上するものもある。本命チョコの王道だ。義理チョコで買う人はあまりいない。

義理チョコのつもりでゴディバを贈ろうものなら、面倒なことこの上ない。

相手の男性は「オレ、もしかして本命?」と勘違いしてしまう。

義理チョコは、安いチョコでなければならないのである。

義理チョコはゴディバにとって、お客さんの財布を奪い合うライバルなのだ。

この広告のお客さんへの隠されたメッセージは、「義理チョコにお金を使ってはいけません。本命の彼氏に、ゴディバで想いを伝えましょう」なのだ。

この広告への「ブラックサンダー」を販売する有楽製菓の対応が、素晴らしかった。

ブラックサンダーは、絶対に本命チョコとは誤解されない、安心の義理チョコである。

ツイッターでこのようなメッセージを出したのだ。

とある広告が話題のようですね('-'*)よそはよそ、うちはうち。みんなちがって、みんないい。ということで有楽製菓は引き続き「日頃の感謝を伝えるきっかけ」として義理チョコ文化を応援いたします('-'*)

ゴディバは「本命チョコ」を買う贔屓客に、そしてブラックサンダーは「義理チョコ」を買う贔屓客に、メッセージを出している。

チョコメーカーにとってバレンタインデーは、「仁義なき戦いの場」でもあるのだ。

「高くてもこれがいい」というお客さんを生み出すには？

ゴディバのように、お客さんが「バレンタインの日は、本命の彼に最高級チョコで想いを伝えたい」と行動するように仕掛けるには、どうすればよいのか？

商品選びにこだわりを持たず、ブランドの違いもよくわからないお客さんは、「どれも

アエサルの購買行動類型

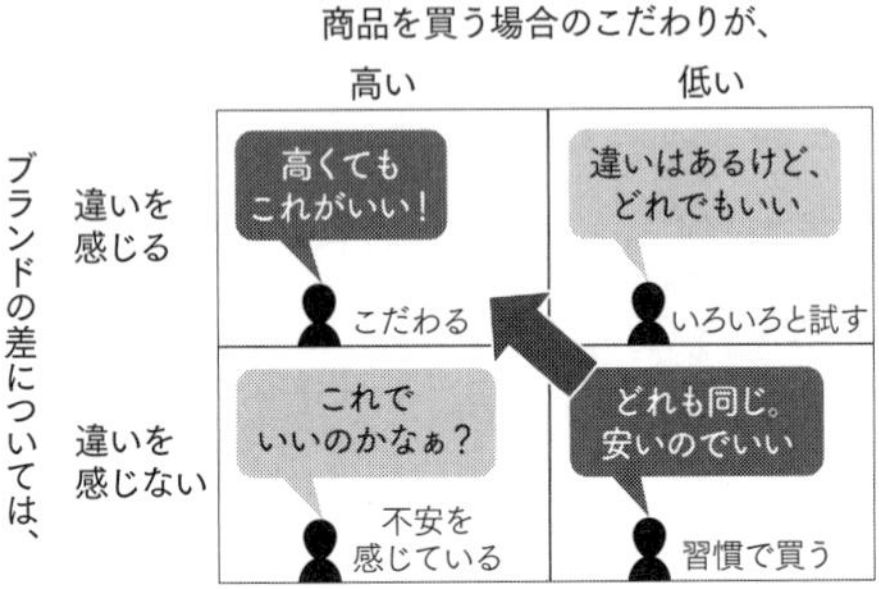

同じ。安い商品でいい」と考えている。そして商品選びにこだわりを持ち、ブランドの違いもわかると、「高くてもこれがいい」と考えるようになる。

この考え方をまとめたのが**アエサルの購買行動類型**だ。「商品へのこだわり」と「ブランドの違いの認識」を横軸・縦軸に取り、四象限で整理したものだ。

「どれも同じ。安い商品でいい」というお客さんは、商品へのこだわりが低く、ブランドの違いも感じず、習慣で買っている。

「高くてもこれがいい」というお客さんは、商品にもブランドにもこだわりを持っている。

「安い商品でいい」というお客さんを、「高くてもこれがいい」という状態に変えることが必要だ。これは2段階で進めていく。

「高くてもこれがいい！」というお客さんを作るには？

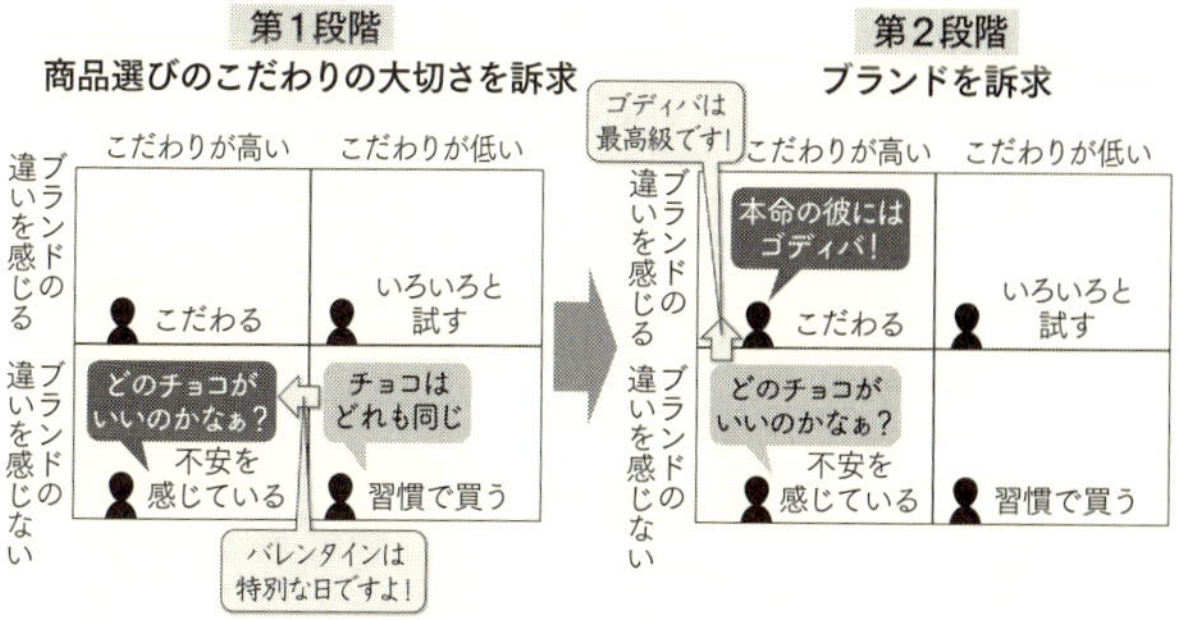

【第1段階】商品選びのこだわりの大切さを訴求する

第1段階は、「安い商品でいい」と考えて習慣で買っているお客さんに、「商品にはこだわりが大切だ」とわかってもらうことだ。

「バレンタインデーにチョコを渡そう」と日本で最初に提唱したのは、東京・大田区のメリーチョコレートカムパニーだといわれている。これが業界全体に広がり、女性たちが「バレンタインデーは特別な日。本命の彼氏にチョコを贈るチャンス」と考えるようになった。こうなると彼氏へのチョコを選ぶ段階で「これでいいのかな？」と考えるようになる。

第1章で紹介したデビアスの「婚約指輪は給料の3カ月分」も同じだ。このおかげで、婚約指輪選びの際に

「この指輪でいいのかな？」と考えるようになった。
このように、まずはお客さんが「商品へのこだわり」の大切さを理解するようにする。

【第2段階】ブランドを訴求する

そしてお客さんが「この商品でいいのかな？」と考えるようになった段階でお客さんに自社商品をアピールして、ブランドの差を意識するように働きかけていく。たとえばゴディバは、「バレンタインデーを好きになってください。GODIVA」という広告を出すことで、本命の彼氏に最高級のチョコレートを贈ろうという提案をしている。

このように、お客さんに商品へのこだわりの必要性とブランドの違いを訴求し、ファンになったお客さんの顧客ロイヤルティを高めていくことで、ブランド価値も高まっていく。

あなたの会社のブランドを刺青する人は、いるか？

「ブランド」（brand）の語源は、「焼き印」（burned）だといわれている。

牛の放牧地は広い。そこで牛飼いは自分の牛を他の牛と区別するため、牛の尻に焼き印を押した。ここから他社と区別するマークが「ブランド」と呼ばれるようになったという。

マイセンなどの陶器にも印がある。この印は、もともとニセモノを排除し、品質を保証するために付けられたものだ。ブランドは安心・安全・品質の象徴なのである。

ゴディバのブランドも「これを選べば間違いない」という保証になっている。

しかしいくら企業がお金をかけて格好よく美しい印を作っても、お客さんが信用しなければ、その印はブランドにはならない。

ブランドとは「お客さんの信用」なのである。

強いブランドは、お客さんが自分の心の中に作るものだ。

焼き印の話は、象徴的だ。高い顧客ロイヤルティを持つお客さんの心の中には、ブランドという「信用の焼き印」が押されているのである。

顧客ロイヤルティがさらに高まると、狂信的なブランド信者になる。

ハーレーダビッドソンには、狂信的なブランド信者が多い。

エンジン音は独特の三拍子で、エンジンの振動も大きいが、熱狂的なファンは「これがいい！」と信じている。

そんなハーレーは、「世界一刺青《いれずみ》が多いブランド」といわれている。

「焼き印」ならぬ「刺青」である。

あなたの会社のロゴを、刺青するお客さんはいるだろうか？

ハーレーには、そんなお客さんがたくさんいる。こんなブランドは他にはない。

だからハーレー好きは、ハーレーが高くても他バイクに浮気しない。

ここまで高い顧客ロイヤルティを実現できれば理想である。

しかしこんな凄いレベルでなくてもいい。たとえば何かあった時、相手が「この仕事はあの人に頼もう」「あの人にしかできないなぁ」とあなたのことを思い出したとしたら、あなたは立派な個人ブランドを持っているということだ。

大切なのは、首尾一貫していること

第7章で「希少性が大切」と述べた。希少性があれば、高い価値を感じたお客さんは、高く買ってくれる。しかしそれだけでは限界もある。

高い希少性を一時的に持っていても、それで高く売れるとわかったら、必ずライバルが真似をしてくる。そして希少性がなくなった途端、価格競争の危機にさらされてしまう。


価格競争を避けるには、高い顧客ロイヤルティを持つお客さんを大切にすることだ。

顧客ロイヤルティが高いお客さんは、価格はそれほど気にしない。高い価値があることが重要と思っているので、少々のことがあっても浮気しない。

だから売る側も、まずはお客さんに高い価値を提供し続けることを考えるべきだ。目先の売上拡大を目指して安売りに走ってはいけない。


松崎しげるは自分自身を商品と考えて、自分へのお客さんの期待も把握した上で、常に日焼けマシンで肌を焼き、ファンの期待を裏切らずに顧客中心主義を徹底追求している。

お客さんの顧客ロイヤルティを高めて、高いブランドを生み出すためには、お客さんの期待を決して裏切らず、首尾一貫していることが必要なのである。

安易な値下げをすると
ブランド価値は、地に堕《お》ちる。
ご贔屓のお客さんこそ、宝物。
信用を守り、ブランドを育てろ。

本章のまとめ

・松崎しげるから、**顧客ロイヤルティ**と**ブランド**を学ぼう

・**顧客ロイヤルティ**が高いお客さんは、価格で選ばない

・**アエサルの購買行動類型**を理解し、こだわりの大切さを訴求した上で、ブランドを訴求しよう

・お客さんの心の中に、**ブランド**という信用を育てよう

おわりに――価格を知ることは、人の心理を知ることである

以前から「書きたい」と思っていた本を書き上げて、一息ついています。

本書で繰り返し書いた通り、ビジネスの現場では、「価格戦略」はあまり考えられていないのが現実です。しかし、これは無理もないことなのかもしれません。

まず、価格戦略の考え方が、あまり知られていません。価格戦略はマーケティング戦略の中でも重要なテーマです。しかし一般の読者向けに価格戦略の全体像をわかりやすく紹介した本は、ほとんどないのが現実です。

また価格戦略では、人の心理について深く考えることが必要です。最近注目を集めている行動経済学は、その大きなヒントを与えてくれます。しかし価格戦略を行動経済学の観点で整理した本も、ほとんどありません。

そこで本書は価格戦略をテーマに、行動経済学とマーケティングの視点から、わかりやすく楽しく読めるようにすることで、多くの人たちに仕事で価格戦略の考え方を活用していただくことを目指しました。

価格は、数字にすぎません。しかし価格戦略を正しく考えられるようになれば、その数字にあなたの想いをこめられるようになります。そしてその想いは、ターゲットのお客さんに伝わるのです。

本書が少しでもあなたのビジネスの発展に繋がることを願ってやみません。

最後に、本書の執筆にあたり貴重な情報やご意見・アドバイスをくださった、ＰＨＰ研究所の木南勇二様・大岩央様に、深く感謝いたします。

２０１８年10月

永井孝尚

参考情報

第1章　水道水と同じ味なのに、100円のミネラルウォーターを買う理由
――行動経済学と価格戦略

■「使うのは水道水 東京・港区のビルで日本酒造り」（テレビ東京『ワールドビジネスサテライト』2018年3月6日放映）
東京港区芝にある造り酒屋「東京港醸造」の酒造りを紹介している。

■『ファスト&スロー（上・下）』（ダニエル・カーネマン著）
アンカリングやプロスペクト理論の考え方、アフリカ諸国の国連加入率について質問した実験も紹介している。

■『予想どおりに不合理――行動経済学が明かす「あなたがそれを選ぶわけ」』（ダン・アリエリー著）
黒真珠を高級ジュエリーに変えた真珠王の挑戦を、「刷り込み」によるアンカリング効果の例として紹介している。

■『売りたいのなら、値下げはするな！日本一わかりやすい価格決定戦略』（上田隆穂著）
日本の価格戦略の第一人者である上田教授が、スーパーの値引き実験をした様子を紹介している。

第2章　なぜミシュラン一つ星の香港点心が激安580円なのか——コストリーダーシップ戦略

■「食のすご腕『ティム・ホー・ワン』で絶品点心、マック・クァイ・プイさん——『世界一安い一つ星』日本へ」（『日経MJ』2018年4月23日付）
ティム・ホー・ワン創業者への取材記事。創業への想いが伝わってくる。

■「THE 行列　旬な野菜のお手軽弁当」（テレビ東京『ワールドビジネスサテライト』2017年7月7日放映）
旬八キッチンをはじめとした、旬八の挑戦を紹介している。

■「先駆者たち 左今克憲　都市部で規格外の野菜を売る青果店を展開」（TKC『戦略経営者』2017年4月号）
旬八・旬八キッチンを展開する左今克憲社長が、自身の挑戦について語っている。

■『運は創るもの　私の履歴書』（似鳥昭雄著）
ニトリを創業した似鳥昭雄氏の自伝。「よいものを安く提供して、日本を豊かにしたい」という想いを実現するために、悪戦苦闘、七転八倒しながら、愚直に店舗を拡大してきたことがよくわかる。

■『新訂　競争の戦略』（マイケル・E・ポーター著）
既に古典ともいえる戦略論の定番本。ここに書かれた競争戦略の基本原理は、業界や国が変わっても変わらない。本章で紹介した「コストリーダーシップ戦略」は、3つの競争の基本戦略の一つとして挙げられている。

■『［新版］競争戦略論1』（マイケル・E・ポーター著）
戦略で大切なのはトレードオフであり、「何をやらないか」を明確にすることが差別化を生み出すと述べている。

■「ニトリホールディングス　アニュアルレポート2017」（〈ニトリ〉を参照）
ニトリのこれまでの歩み、店舗数や売上の推移がまとめられている。

■『コトラーのマーケティング・コンセプト』（フィリップ・コトラー著）
本章で紹介したジェフ・ベゾスの言葉を引用し、価格を売り物にしてはいけないと戒めている。

第3章　参加費0円。婚活パーティのナゾ——無料のビジネスモデル

■『予想どおりに不合理——行動経済学が明かす「あなたがそれを選ぶわけ」』（ダン・アリエリー著）
本章で紹介したチョコ実験について紹介している。

■「ゲレンデ発のビッグウェーブ　若者を呼び戻した『マジ☆部』プロジェクト」（『宣伝会議』2014年12月号）
「雪マジ！19」の挑戦についてまとめている。

■『フリー〈無料〉からお金を生みだす新戦略』（クリス・アンダーソン著）

無料のビジネスモデルを広く世の中に広めた名著。4つの無料ビジネスのタイプを紹介しているほか、無料ビジネスモデルの基本的な考え方や豊富な事例を掲載している。ちなみに本書自体が無償公開されて大きな話題になり、2万部の予想が16万部売れた。

■『江副浩正』(馬場マコト、土屋洋著)
リクルート創業者・江副浩正さんの伝記。『週刊住宅情報』の発展の様子が紹介されている。

第4章　服は「売る」よりも、月5800円で「貸す」が儲かる
——サブスクリプションモデルと現状維持バイアス

■「『1カ月食べ放題』の激辛料理店、客殺到で閉店　中国四川省」(cnn.co.jp、2018年6月25日)
1カ月2000円で食べ放題で不正客が殺到して閉店した店の話が紹介されている。

■「服借り放題サービスは『服好きな人』につかわれない。借り放題アプリ『メチャカリ』意外なユーザーニーズと、長身モデルが『リアルじゃない』と言われる話」(アプリマーケティング研究所、2017年6月12日)
ストライプインターナショナルのメチャカリ部の部長にインタビューした記事。メチャカリの当初の狙い、現実、想定外だったこと、実際のユーザーの状況などを語っている。

■『実践　行動経済学』(リチャード・セイラー、キャス・サンスティーン著)
現状維持バイアスをはじめ、様々な行動経済学の考え方が紹介されている。

■「ネットフリックス、快進撃どこまで」（『日経ビジネス』2018年7月9日号）
成長し続けるネットフリックスのビジネスについて紹介している。

■「『ほぼ原価で売る』家電メーカー・アマゾンの破壊的ハードウェアビジネスの全貌」（西田宗千佳、BUSINESS INSIDER JAPAN 2018年8月6日）
アマゾンが取り組むハードウェアビジネスについて考察している。

第5章　1000円の値引きより、1000円の下取り
——適応型プライシング、保有効果、クーポン

■『コーヒーの歴史』（マーク・ペンダーグラスト著）
有史以来のコーヒーの歴史を辿った本。米国の価格競争の様子も克明に書いている。

■「肉食シニア殺到⁉ 人気焼肉チェーン」（テレビ東京『ワールドビジネスサテライト』2018年5月7日放送）
焼き肉食べ放題を年代別料金で提供するワンカルビの挑戦が紹介されている。

■「たった一度の値下げが利益を損なう　サービス・製品の価値を守り続ける適応型プライシング」（ラフィ・モハメド、『ハーバードビジネスレビュー』2014年7月号）
適応型プライシングの考え方を様々な事例を通じて紹介している。

■『アダプト思考』（ティム・ハーフォード著）
「ミシンを1台買ったら、2台目を2割引き」というキャンペーンを行い、大成功したジョアン・ファブリックスの事例を紹介している。

■「AIがチケット価格を提案『ダイナミック・プライシング』とは」テレビ東京『ワールドビジネスサテライト』2018年8月1日放映）
本章で紹介した横浜F・マリノスのダイナミック・プライシングへの挑戦を紹介している。

■『価格の掟』（ハーマン・サイモン著）
ダイナミック・プライシングの考え方が紹介されている。

■『行動経済学の逆襲』（リチャード・セイラー著）
セイラーがカーネマンのプロスペクト理論を知り、長年考えてきた保有効果を理論づけた様子が描かれている。

第6章　商品数を1／4にしたら、6倍売れたワケ——フレーミング効果

■「『松竹梅』なら思わず竹　消費者くすぐる販促の極意」（『日本経済新聞』2013年2月21日付）
オリジン東秀が3種類の弁当を発売し、売上が78%増えた事例が紹介されている。

■『選択の科学』（シーナ・アイエンガー著）
ジャム実験のほか、P&Gで商品を絞り込んだ結果も紹介している。

■『ファスト&スロー（下）』（ダニエル・カーネマン著）
フレーミング効果について紹介している。

■「メガネ値上がりのワケ　オプションやサービス強化」（『日本経済新聞』２０１７年８月24日付）
ＪＩＮＳがフレームを４種類から３種類に絞った結果、価格帯の中心値が５０００～８０００円に上がったことを紹介している。

■『価格の心理』（小嶋外弘著）
各数字に関する印象や、端数価格の実態について調査している。

■"Effects of $9 Price Endings on Retail Sales: Evidence from Field Experiments"（ERIC T. ANDERSON and DUNCAN I. SIMESTER）
９で終わる価格付けをした際の消費者の反応を実際に実験してみた研究論文。同一商品を34ドル、39ドル、44ドルで販売した結果、39ドルが一番売れたという。

■「(価格は語る）特別な日、私にも『執事』１日利用　５万円程度で」（『日経産業新聞』２０１８年７月27日付）
スポット利用できる執事サービスを紹介している。

第7章　大人気・順番待ちの1本25万円生ハムセラー
――バリュープロポジションとブルーオーシャン戦略

■『コーヒーの歴史』（マーク・ペンダーグラスト著）
有史以来のコーヒーの歴史をまとめた一冊。p470にコピ・ルアクについて書かれている。

■『これ、いったいどうやったら売れるんですか？』（永井孝尚著）
バリュープロポジションの考え方を紹介している。

■「イノベーションはオブザベーションから始まる」（『日経クロストレンド』2018年7月号）
新潟県燕市の金属洋食器メーカー・山崎金属工業がカレー専用スプーン「カレー賢人」に挑戦した事例が紹介されている。

■『［新版］ブルー・オーシャン戦略』（W・チャン・キム、レネ・モボルニュ著）
ブルーオーシャン戦略の方法論をまとめた本。新版では、新しい事例や新たな学びが反映されている。ブルーオーシャン戦略は「価格破壊の方法論だ」と捉える誤解が少なくない。しかしブルーオーシャン戦略の本質は、「非顧客層を見極め、不要な価値は削ったり減らしたりして、非顧客層が求める価値を創造し、増やして、提供すること」だ。「取り除く」ことで低コスト化し、結果的に価格破壊を実現した事例は多いが、高価格になることもある。本書でも、一般的なサーカスよりも高価格にしたシルク・ドゥ・ソレイユの例を紹介している。

第8章　価格を2倍にしたら、バカ売れしたアクセサリー——値ごろ感と価格設定方法

■『影響力の武器』（ロバート・B・チャルディーニ著）
本章で紹介したターコイズのアクセサリーが2倍の価格で売れた事例は、p3～10にある。チャルディーニは、これを固定的動作パターンと呼んでいる。

■『予想どおりに不合理——行動経済学が明かす「あなたがそれを選ぶわけ」』（ダン・アリエリー著）
ベラドンＲｘの実験を紹介している。ちなみにダン・アリエリーの著書には、電気ショックの実験が数多く出てくる。アリエリー先生は電気ショックがお好みのようである。

■「価格よりも『価値』に目を向けさせる方法」（マルコ・ベルティーニ、リュック・ワシュー、『ハーバードビジネスレビュー』２０１０年7月号）
高価格にすることで顧客は逆に商品を強く欲すること、一方で法外なプレミアムになると逆に検討しなくなるという調査が紹介されている。

■「最適な価格を実現する8つのステップ」（ロバート・J・ドラン、『ハーバードビジネスレビュー』２０１４年7月号）
本章で「ヤバい客」と紹介した顧客を、本論文では皮肉をこめて「戦略的ユーザー」として紹介した上で、「間違っても悪名高き『戦略的ユーザー』ゾーンに足を踏み入れてはいけない。無理難題を言う一方で、値引きを要求し支払いを先延ばすからだ」と警告している。

■『コトラーのマーケティング・コンセプト』（フィリップ・コトラー著）
「価格」の項目で、「プレミアム価格をありがたがる企業は、競合他社のために市場を創造しているようなものだ」と述べている。

■『ソニー 盛田昭夫』（森健二著）
ウォークマン開発当時のことが詳細に描かれている。

■「急成長物語の新たな難題　リクルートの講義動画（スタディサプリ）」（『週刊東洋経済』2018年3月24日号）
スタディサプリの挑戦について紹介している。

■『コトラーのマーケティング入門』（フィリップ・コトラー、ゲイリー・アームストロング著）
コスト基準型価格設定、競争基準型価格設定、価値基準型価格設定が紹介されている。

■『売りたいのなら、値下げはするな！日本一わかりやすい価格決定戦略』（上田隆穂著）
上田隆穂先生は、日本における価格戦略の第一人者。PSM分析やコンジョイント分析をはじめ、価格設定のための様々な考え方や方法を丁寧に紹介している。

■『価格戦略論』（ヘルマン・サイモン、ロバート・J・ドーラン著）
世界的な価格戦略の第一人者ヘルマン・サイモンの価格戦略論の集大成。自動車を例にコンジョイント分析について詳しく分析した事例が紹介されている。

第9章　1ドル値下げのライバルに、1ドル値上げで勝ったスミノフ
――顧客ロイヤルティとブランド

■"The Manager's Guide to Competitive Marketing Strategies 3rd Edition"(Norton Paley) p34～35に、ライバルが「同等品質で1ドル安い」という商品を出してきた時のスミノフの戦略が紹介されている。

■『顧客ロイヤルティのマネジメント』(フレデリック・F・ライクヘルド著)
顧客ロイヤルティや顧客生涯価値の考え方について紹介している。

■『売りたいのなら、値下げはするな！日本一わかりやすい価格決定戦略』(上田隆穂著)
顧客ロイヤルティに応じた価格に対する知覚を紹介しているほか、アエサルの購買行動類型なども紹介している。

■ゴディバの新聞広告(『日本経済新聞』2018年2月1日掲載)
本章でも紹介した「日本は、義理チョコをやめよう。」という一面広告を掲載し、大きな話題になった。

PHP新書
PHP INTERFACE
https://www.php.co.jp/

永井孝尚［ながい・たかひさ］

マーケティング戦略コンサルタント。ウォンツアンドバリュー株式会社代表。
慶應義塾大学工学部卒。日本アイ・ビー・エム株式会社の戦略マーケティングマネージャーなどを経て、ウォンツアンドバリュー（株）設立。専門用語を使わずにわかりやすい言葉でマーケティングを伝えるプロとして、幅広い企業や団体を対象に、新規事業開発支援、講演やワークショップ研修を提供。主な著書に『100円のコーラを1000円で売る方法』（KADOKAWA）、『これ、いったいどうやったら売れるんですか?』（SB新書）ほか多数。

PHP新書 1162

なんで、その価格で売れちゃうの？
行動経済学でわかる「値づけの科学」

二〇一八年十一月二十九日　第一版第一刷
二〇一九年二月一日　第一版第三刷

著者――永井孝尚
発行者――後藤淳一
発行所――株式会社PHP研究所
東京本部――〒135-8137 江東区豊洲5-6-52
第一制作部PHP新書課 ☎03-3520-9615（編集）
普及部 ☎03-3520-9630（販売）
京都本部――〒601-8411 京都市南区西九条北ノ内町11
組版――有限会社エヴリ・シンク
装幀者――芦澤泰偉＋児崎雅淑
印刷所
製本所――図書印刷株式会社

ISBN978-4-569-84170-0

ＰＨＰ新書刊行にあたって

「繁栄を通じて平和と幸福を」(PEACE and HAPPINESS through PROSPERITY)の願いのもと、ＰＨＰ研究所が創設されて今年で五十周年を迎えます。その歩みは、日本人が先の戦争を乗り越え、並々ならぬ努力を続けて、今日の繁栄を築き上げてきた軌跡に重なります。

しかし、平和で豊かな生活を手にした現在、多くの日本人は、自分が何のために生きているのか、どのように生きていきたいのかを、見失いつつあるように思われます。そして、その間にも、日本国内や世界のみならず地球規模での大きな変化が日々生起し、解決すべき問題となって私たちのもとに押し寄せてきます。

このような時代に人生の確かな価値を見出し、生きる喜びに満ちあふれた社会を実現するために、いま何が求められているのでしょうか。それは、先達が培ってきた知恵を紡ぎ直すこと、その上で自分たち一人一人がおかれた現実と進むべき未来について丹念に考えていくこと以外にはありません。

その営みは、単なる知識に終わらない深い思索へ、そしてよく生きるための哲学への旅でもあります。弊所が創設五十周年を迎えましたのを機に、ＰＨＰ新書を創刊し、この新たな旅を読者と共に歩んでいきたいと思っています。多くの読者の共感と支援を心よりお願いいたします。

一九九六年十月

ＰＨＰ研究所

PHP新書

［経済・経営］

［**知的技術**］

003 知性の磨きかた　林 望
025 ツキの法則　谷岡一郎
112 大人のための勉強法　和田秀樹
180 伝わる・揺さぶる！文章を書く　山田ズーニー
203 上達の法則　岡本浩一
305 頭がいい人、悪い人の話し方　樋口裕一
399 ラクして成果が上がる理系的仕事術　鎌田浩毅
438 プロ弁護士の思考術　矢部正秋
573 1分で大切なことを伝える技術　齋藤 孝
646 世界を知る力　寺島実郎
673 本番に強い脳と心のつくり方　苫米地英人
718 必ず覚える！1分間アウトプット勉強法　齋藤 孝
737 超訳 マキャヴェリの言葉　本郷陽二
747 相手に9割しゃべらせる質問術　おちまさと
749 世界を知る力 日本創生編　寺島実郎
762 人を動かす対話術　岡田尊司
768 東大に合格する記憶術　宮口公寿
805 使える！「孫子の兵法」　齋藤 孝
810 とっさのひと言で心に刺さるコメント術　おちまさと
835 世界一のサービス　下野隆祥
838 瞬間の記憶力　楠木早紀
846 幸福になる「脳の使い方」　茂木健一郎
851 いい文章には型がある　吉岡友治
876 京大理系教授の伝える技術　鎌田浩毅
878 ［実践］小説教室　根本昌夫
886 クイズ王の「超効率」勉強法　日高大介
899 脳を活かす伝え方、聞き方　茂木健一郎
929 人生にとって意味のある勉強法　隂山英男
933 すぐに使える！頭がいい人の話し方　齋藤 孝
944 日本人が一生使える勉強法　竹田恒泰
983 辞書編纂者の、日本語を使いこなす技術　飯間浩明
1002 高校生が感動した微分・積分の授業　山本俊郎
1054 「時間の使い方」を科学する　一川 誠
1068 雑談力　百田尚樹
1078 東大合格請負人が教える できる大人の勉強法　時田啓光
1113 高校生が感動した確率・統計の授業　山本俊郎
1127 一生使える脳　長谷川嘉哉
1133 深く考える力　田坂広志

［**政治・外交**］

318・319 憲法で読むアメリカ史（上・下）　阿川尚之
426 日本人としてこれだけは知っておきたいこと　中西輝政

745 官僚の責任　古賀茂明
746 ほんとうは強い日本　田母神俊雄
807 ほんとうは危ない日本　田母神俊雄
826 迫りくる日中冷戦の時代　中西輝政
841 日本の「情報と外交」　孫崎　享
874 憲法問題　伊藤　真
881 官房長官を見れば政権の実力がわかる　菊池正史
891 利権の復活　古賀茂明
893 語られざる中国の結末　宮家邦彦
898 なぜ中国から離れると日本はうまくいくのか　石　平
920 テレビが伝えない憲法の話　木村草太
931 中国の大問題　丹羽宇一郎
954 哀しき半島国家　韓国の結末　宮家邦彦
964 中国外交の大失敗　中西輝政
965 アメリカはイスラム国に勝てない　宮田　律
967 新・台湾の主張　李　登輝
972 安倍政権は本当に強いのか　御厨　貴
979 なぜ中国は覇権の妄想をやめられないのか　石　平
982 戦後リベラルの終焉　池田信夫
986 こんなに脆い中国共産党　日暮高則
988 従属国家論　佐伯啓思
989 東アジアの軍事情勢はこれからどうなるのか　能勢伸之
993 中国は腹の底で日本をどう思っているのか　富坂　聰
999 国を守る責任　折木良一
1000 アメリカの戦争責任　竹田恒泰
1005 ほんとうは共産党が嫌いな中国人　宇田川敬介
1008 護憲派メディアの何が気持ち悪いのか　潮　匡人
1014 優しいサヨクの復活　島田雅彦
1019 愛国ってなんだ　民族・郷土・戦争　古谷経衡［著］／奥田愛基［対談者］
1024 ヨーロッパから民主主義が消える　川口マーン惠美
1031 中東複合危機から第三次世界大戦へ　山内昌之
1042 だれが沖縄を殺すのか　ロバート・D・エルドリッヂ
1043 なぜ韓国外交は日本に敗れたのか　武貞秀士
1045 世界に負けない日本　薮中三十二
1058 「強すぎる自民党」の病理　池田信夫
1060 イギリス解体、EU崩落、ロシア台頭　岡部　伸
1066 習近平はいったい何を考えているのか　丹羽宇一郎
1076 日本人として知っておきたい「世界激変」の行方　中西輝政
1082 日本の政治報道はなぜ「嘘八百」なのか　潮　匡人
1083 なぜローマ法王は世界を動かせるのか　徳安　茂
1089 イスラム唯一の希望の国　日本　宮田　律
1090 返還交渉　沖縄・北方領土の「光と影」　東郷和彦
1122 強硬外交を反省する中国　宮本雄二

1124 チベット　自由への闘い　櫻井よしこ
1135 リベラルの毒に侵された日米の憂鬱　ケント・ギルバート
1137 「官僚とマスコミ」は嘘ばかり　髙橋洋一
1153 日本転覆テロの怖すぎる手口　兵頭二十八
1157 二〇二五年、日中企業格差　近藤大介

［社会・教育］

117 社会的ジレンマ　山岸俊男
335 NPOという生き方　島田　恒
418 女性の品格　坂東眞理子
495 親の品格　坂東眞理子
504 生活保護vsワーキングプア　大山典宏
522 プロ法律家のクレーマー対応術　横山雅文
537 ネットいじめ　荻上チキ
546 本質を見抜く力――環境・食料・エネルギー　養老孟司／竹村公太郎
586 理系バカと文系バカ　竹内　薫［著］／嵯峨野功一［構成］
602 「勉強しろ」と言わずに子供を勉強させる法　小林公夫
618 世界一幸福な国デンマークの暮らし方　千葉忠夫
621 コミュニケーション力を引き出す　平田オリザ／蓮行
629 テレビは見てはいけない　苫米地英人
632 あの演説はなぜ人を動かしたのか　川上徹也
681 スウェーデンはなぜ強いのか　北岡孝義
692 女性の幸福［仕事編］　坂東眞理子
706 日本はスウェーデンになるべきか　高岡　望
720 格差と貧困のないデンマーク　千葉忠夫
741 本物の医師になれる人、なれない人　小林公夫
780 幸せな小国オランダの智慧　紺野　登
783 原発「危険神話」の崩壊　池田信夫
786 新聞・テレビはなぜ平気で「ウソ」をつくのか　上杉　隆
789 「勉強しろ」と言わずに子供を勉強させる言葉　小林公夫
792 「日本」を捨てよ　苫米地英人
819 日本のリアル　養老孟司
823 となりの闇社会　一橋文哉
828 ハッカーの手口　岡嶋裕史
829 頼れない国でどう生きようか　加藤嘉一／古市憲寿
832 スポーツの世界は学歴社会　橘木俊詔／齋藤隆志
847 子どもの問題　いかに解決するか　岡田尊司／魚住絹代
854 女子校力　杉浦由美子
857 大津中2いじめ自殺　共同通信大阪社会部
858 中学受験に失敗しない　高濱正伸
869 若者の取扱説明書　齋藤　孝
870 しなやかな仕事術　林　文子

1106 御社の働き方改革、ここが間違ってます！　白河桃子
1125 『週刊文春』と『週刊新潮』闘うメディアの全内幕　花田紀凱／門田隆将
1128 男性という孤独な存在　橘木俊詔
1140 「情の力」で勝つ日本　日下公人
1144 未来を読む　ジャレド・ダイアモンドほか［著］　大野和基［インタビュー・編］
1146 「都市の正義」が地方を壊す　山下祐介
1149 世界の路地裏を歩いて見つけた「憧れのニッポン」　早坂 隆
1150 いじめを生む教室　荻上チキ
1151 オウム真理教事件とは何だったのか？　一橋文哉
1154 孤独の達人　諸富祥彦
1161 貧困を救えない国 日本　阿部彩／鈴木大介

［歴史］

061 なぜ国家は衰亡するのか　中西輝政
286 歴史学ってなんだ？　小田中直樹
505 旧皇族が語る天皇の日本史　竹田恒泰
591 対論・異色昭和史　鶴見俊輔／上坂冬子
663 日本人として知っておきたい近代史［明治篇］　中西輝政
734 謎解き「張作霖爆殺事件」　加藤康男
738 アメリカが畏怖した日本　渡部昇一
748 詳説〈統帥綱領〉　柘植久慶
755 日本人はなぜ日本のことを知らないのか　竹田恒泰
761 真田三代　平山 優
776 はじめてのノモンハン事件　森山康平
784 日本古代史を科学する　中田 力
791 『古事記』と壬申の乱　関 裕二
848 院政とは何だったか　岡野友彦
865 徳川某重大事件　徳川宗英
903 アジアを救った近代日本史講義　渡辺利夫
922 木材・石炭・シェールガス　石井 彰
943 科学者が読み解く日本建国史　中田 力
968 古代史の謎は「海路」で解ける　長野正孝
1001 日中関係史　岡本隆司
1012 古代史の謎は「鉄」で解ける　長野正孝
1015 徳川がみた「真田丸の真相」　徳川宗英
1028 歴史の謎は透視技術「ミュオグラフィ」で解ける　田中宏幸／大城道則
1037 なぜ二宮尊徳に学ぶ人は成功するのか　松沢成文
1057 なぜ会津は希代の雄藩になったか　中村彰彦
1061 江戸はスゴイ　堀口茉純
1064 真田信之 父の知略に勝《まさ》った決断力　平山 優

［**地理・文化**］

890 反日・愛国の由来　呉 善花
934 世界遺産にされて富士山は泣いている　野口 健
936 山折哲雄の新・四国遍路　山折哲雄
948 新・世界三大料理
神山典士[著]／中村勝宏、山本豊、辻芳樹[監修]
971 中国人はつらいよ――その悲惨と悦楽　大木 康
1119 川と掘割〝20の跡〟を辿る江戸東京歴史散歩　岡本哲志

[心理・精神医学]

053 カウンセリング心理学入門　國分康孝
065 社会的ひきこもり　斎藤 環
103 生きていくことの意味　諸富祥彦
171 学ぶ意欲の心理学　市川伸一
304 パーソナリティ障害　岡田尊司
364 子どもの「心の病」を知る　岡田尊司
381 言いたいことが言えない人　加藤諦三
453 だれにでも「いい顔」をしてしまう人　加藤諦三
487 なぜ自信が持てないのか　根本橘夫
550 「うつ」になりやすい人　加藤諦三
583 だましの手口　西田公昭
695 大人のための精神分析入門　妙木浩之
697 統合失調症　岡田尊司
796 老後のイライラを捨てる技術　保坂 隆
825 事故がなくならない理由《わけ》　芳賀 繁
862 働く人のための精神医学　岡田尊司
867 「自分はこんなもんじゃない」の心理　榎本博明
895 他人を攻撃せずにはいられない人　片田珠美
910 がんばっているのに愛されない人　加藤諦三
918 「うつ」だと感じたら他人に甘えなさい　和田秀樹
942 話が長くなるお年寄りには理由《わけ》がある　増井幸恵
952 プライドが高くて迷惑な人　片田珠美
953 なぜ皮膚はかゆくなるのか　菊池 新
956 最新版「うつ」を治す　大野 裕
977 悩まずにはいられない人　加藤諦三
992 高学歴なのになぜ人とうまくいかないのか　加藤俊徳
1063 すぐ感情的になる人　片田珠美
1091 「損」を恐れるから失敗する　和田秀樹
1094 子どものための発達トレーニング　岡田尊司
1131 愛とためらいの哲学　岸見一郎